Elmar Dorigatti

# Die Welt der Seilbahnen

Elmar Dorigatti

# Die Welt der Seilbahnen

Hightech
Rekorde
Faszination

Folio Verlag

Herausgegeben mit freundlicher Unterstützung der Abteilung Deutsche Kultur der Autonomen Provinz Bozen – Südtirol

Deutsche Kultur

In gleicher Ausstattung bereits erschienen:

Dieses Buch ist in Kooperation mit Doppelmayr Seilbahnen GmbH in Wolfurt entstanden. Herzlichen Dank für die wertvolle Unterstützung!
Die in diesem Buch verwendeten Bilder wurden, wenn nicht im Bildnachweis aufgeführt, von Doppelmayr/Garaventa zur Verfügung gestellt.
Im Laufe der Jahre haben sich unterschiedliche Bezeichnungen der einzelnen Seilbahntypen entwickelt – in deutscher, englischer, französischer und italienischer Sprache. Einige der im Buch verwendeten Bezeichnungen wurden von Doppelmayr geprägt.

Der Autor dankt besonders herzlich allen, die ihn tatkräftig unterstützt und in der Schaffensphase begleitet haben: Paolo, Janna, Mia, Stefanie, Hermann, Johanna, Julia, Siegfried, Sonja, Daniel, Luis; herzlichen Dank auch an alle, die Fotos und Infos zur Verfügung gestellt haben!

Umschlagbilder: Standseilbahn Stoos (Schweiz), Pendelbahn Ha Long Queen Cable Car (Vietnam)
Seite 2: Seilbahn Mi Teleférico, Linea Roja (La Paz, Bolivien)

3. Auflage 2024

Redaktion: Stefanie Beck
Lektorat: Joe Rabl, Innsbruck
Grafik und Umbruch: no.parking, Vicenza
Zeichnungen: Alice Walczer Baldinazzo, Longare
Infografiken: no.parking, Vicenza
Druckvorbereitung: Typoplus, Frangart
Printed in Europe
ISBN 978-3-85256-791-4

www.folioverlag.com

# Inhalt

# Bahn frei!

Von den Anden bis in die Alpen, von Sotschi bis Sölden, von Lissabon bis London, von Koblenz bis Kapstadt – Seilbahnen fahren längst nicht mehr nur am Berg. Sie sind in den Metropolen angekommen und führen uns durch den Regenwald, zu Vulkanen und Polarlichtern. Sie erinnern an alte Zeiten und weisen den Weg in die Zukunft. Seilbahnen vereinen Nervenkitzel und Entdeckerlust. Ingenieurstechnisch sind sie eine Meisterleistung und fallen – insbesondere in jüngerer Zeit – durch ihre spektakuläre Architektur auf. Seilbahnen faszinieren seit jeher – doch wann wurde die erste Seilbahn gebaut und wer hatte überhaupt die Idee dazu? Wer sind die Pioniere des Seilbahnbaus? Wie sieht es im Inneren einer Station aus, wie funktioniert die Technik, und welche Seilbahnen gibt es? Fragen über Fragen … Dies ist ein Buch für Jung und Alt, Klein und Groß, und für all jene, die nicht nur das bequeme Verkehrsmittel nutzen, sondern alles über dieses technische Wunderwerk wissen möchten.

# FACTS

Seilbahnen weltweit (2017, geschätzt)

Über **15.000 km** Gesamtstrecke

Über **40.000 km** Seillänge

Über **3.500 km** Höhenunterschied

Ca. **3,5 Mrd.** Personen befördert

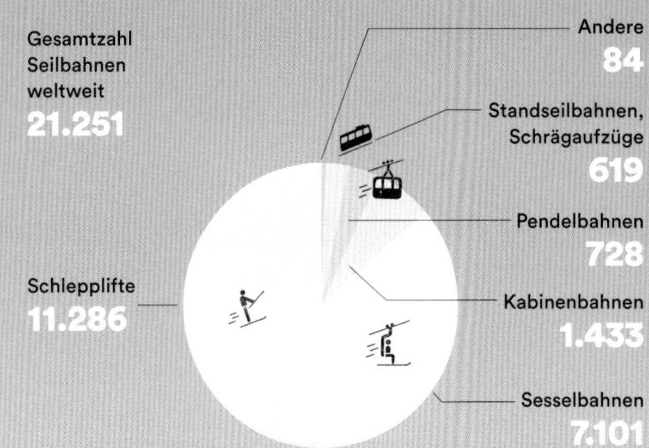


Aufteilung nach Kontinenten

| Europa | Asien | Amerika | Australien | Afrika |
|---|---|---|---|---|
| 16.000 | 4.300 | 1.400 | 25 | 15 |

EINE BEWEGTE GESCHICHTE

# SEILBAHNEN GESTERN UND HEUTE

Seiser Alm, Südtirol

Die Seilbahn ist älter, als man vielleicht denkt. Ihre Anfänge gehen sehr weit zurück – in das alte China vor etwa 2.400 Jahren. Natürlich sahen Seilbahnen zu jener Zeit ganz anders aus.

Erst eine bahnbrechende Erfindung im 19. Jahrhundert gab der Seilbahn die entscheidende Initialzündung. Von da an haben sich Tüftler und Ingenieure gegenseitig an Erfindungen und Rekorden überboten: Die Geschichte der Seilbahnen ist voller spannender Errungenschaften, Episoden und wagemutiger Pioniere.

# Die Anfänge

Einfache Seilbahnen gab es bereits in der **Antike** im fernen China und in Japan. Die ersten überlieferten Zeichnungen stammen aus der Zeit um 250 v. Chr. Sie zeigen Seilzüge, die Flüsse überquerten und mit denen Steine für den Bau von Festungen herangeschafft wurden. Geflochtene Körbe waren an Hanfseilen oder Stricken befestigt und wurden mit der bloßen Kraft von Tier und Mensch gezogen. Damit brachte man nicht nur Material, sondern auch Personen über unwegsame Schluchten und reißende Wildbäche. Als Stütze dienten Bambus-Stämme.

Im **16. Jahrhundert** errichteten spanische Goldsucher in Kolumbien eine handbetriebene Seilbahn, mit der die Abenteurer eine Schlucht überqueren konnten.

Im Mittelalter und in der **Frühen Neuzeit** nutzte man Seilbahnen meist für militärische Zwecke – zum Bau von Burgen und zur Belagerung von Festungsanlagen. 1644 ließ der Holländer Adam Wybe in Danzig (Polen) die erste funktionstüchtige Materialseilbahn errichten, um Baumaterialien für die Befestigung einer Burg zu transportieren. Eimer wurden an einen umlaufenden Strick gehängt, der von Pferden angetrieben wurde.

Dokumentiert sind aus dieser Zeit auch Windenaufzüge, die dem Abtransport von Erz und später auch Kohle aus dem Bergbau dienten. Beladene Wagen wurden an eine Winde angehängt und über Holzschienen zu Tal gelassen.

### DER QUANTENSPRUNG – DAS DRAHTSEIL

Die große Zäsur erfolgte mit der Erfindung des Drahtseils im Jahre **1834**. Der Oberbergrat **Wilhelm Albert** entwickelte in der deutschen Bergbaustadt Clausthal im Harz eine händische Verseilvorrichtung, mit der er drei Litzen zu je vier Drähten zu einem Stahlseil formte. 1837 entstand in Wien (Österreich) die **erste Verseilmaschine**, womit Drahtseile fabrikmäßig hergestellt werden konnten.

Damit war die wichtigste Voraussetzung für das Aufkommen der Seilbahnen geschaffen: Endlich hatten die Ingenieure das entscheidende Bauteil in der Hand. Nun war es möglich, auch schwere Lasten über große Distanzen zu befördern.

### EIN WEITERER MEILENSTEIN – DER STROM

Den nächsten Schub lieferte Ende des 19. Jahrhunderts die **zweite industrielle Revolution**: Mit der großflächigen Verbreitung von elektrischer Energie und der Erfindung des Elektromotors waren die technischen Grundlagen für die neuen Transportmittel gegeben.

# Material-Seilbahnen

In Europa übernahm ab 1874 die deutsche Firma **Adolf Bleichert & Co.** aus Leipzig die führende Rolle bei in Serie hergestellten **Drahtseilbahnen** und trieb weltweit den Bau zahlreicher Anlagen voran. Den Höhepunkt erreichte deren Jahresproduktion im Jahre 1900 – mit 345 errichteten Seilbahnen. 1905 stellte Bleichert in Chilecito in den argentinischen Anden eine Rekordseilbahn zum Transport von Golderz fertig. Sie hatte zehn Teilstrecken, war 34 km lang und überwand einen Höhenunterschied von 3.500 m.

Ein weiterer Seilbahnpionier aus Deutschland, die Firma **J. Pohlig AG**, übertraf diesen Höhenrekord deutlich: Sie erbaute 1936 an der Grenze zwischen Chile und Bolivien eine **Gold-Transportbahn**, die auf den Vulkan Aucanquilcha in 6.150 m Meereshöhe führte und dabei unübertroffene 4.000 Höhenmeter überwand.

Auch diese Materialseilbahnen schrieben Geschichte: 1919 vollendete der englische Hersteller **Ropeways Ltd.** in Kolumbien zwischen der Stadt Manizales und dem Río Magdalena eine Güterseilbahn mit 15 Sektionen und 75,6 km Länge. Sie beförderte allerlei Waren, allen voran Kaffeebohnen. Daher erhielt sie auch den Namen **„Kaffeebahn"**. Sie blieb bis in die 1970er Jahre im Einsatz.

Das Mailänder Unternehmen **Ceretti & Tanfani**, Wegbereiter für Seilbahnen aus Italien, baute für Mussolini von 1935 bis 1937 eine ebenfalls 75 km lange Materialseilbahn in der damaligen italienischen Kolonie **Eritrea**. Sie verband die Hafenstadt Massaua mit der 2.300 m hoch gelegenen Hauptstadt Asmara im Landesinneren. 500 Metallstützen waren für die Streckenführung notwendig. Nach Ende des Zweiten Weltkriegs wurde die Seilbahn wieder abgebaut.

Die **längste je errichtete Seilbahn** ging 1943 in **Schweden** in Betrieb. Insgesamt 915 Eimer brachten Erz aus Kristineberg ins **96 km** entfernte Boliden – über 513 Betonmasten. Jeder Behälter konnte 1.250 kg Nutzlast aufnehmen. Die Rekordbahn blieb bis 1987 im Einsatz.

Bis zum Zweiten Weltkrieg wurden weltweit über 12.000 Materialbahnen gebaut, allein die Hälfte davon geht auf die Firma Bleichert zurück. Die ruhmreiche Ära des Seilbahnpioniers aus Leipzig endete schlagartig 1945, als die Fabrik in sowjetischen Besitz überging und nicht mehr weitergeführt wurde.

Massaua–Asmara (Eritrea)

SPECIAL

**DIE GOLDBAHN VON CHILECITO**

Um **1900** zählte man in den argentinischen Anden 40 Gold- und Silberminen. Unter unvorstellbaren Anstrengungen mussten Tragetiere das Erz ins Tal schleppen. Die Regierung in Buenos Aires veranlasste schließlich den Bau einer Materialseilbahn, dessen Zuschlag die Firma Bleichert erhielt. In nur 18 Monaten wurde die Rekordbahn aus dem Boden gestampft. Über weite Strecken lief der Betrieb rein über das **Prinzip der Schwerkraft**: Die talwärts beladenen Behälter zogen die leeren durch ihr Gewicht nach oben. Auch Kabinen für die Minenarbeiter waren vorhanden; die Fahrt über die zehn Teilstrecken dauerte insgesamt vier Stunden.

Mendel, Südtirol

Virgl, Bozen

# Standseilbahnen

Schon bald nach Erfindung des Drahtseils kam es als Zughilfe für schwächere **Lokomotiven** zum Einsatz; so konnten diese auch größere Steigungen überwinden.

Die frühen **1860er Jahre** schließlich waren die Geburtsstunde der Standseilbahn: 1861 baute der italienische Hersteller **Agudio** eine Versuchsbahn zur Wallfahrtskirche Superga in Turin. Ein Jahr später folgte die erste öffentliche Standseilbahn in Lyon (Frankreich). Die „Funiculaire Rue des Thermes-Croix Rousse“ verkehrte innerstädtisch und wurde von einer Dampfmaschine angetrieben. Sogar doppelstöckige Waggons kamen zum Einsatz.

Die Standseilbahn trat rasch ihren Siegeszug rund um die Welt an: In ganz Europa, aber auch auf anderen Kontinenten, in Asien (Hongkong, Japan), Amerika (USA) sowie Australien und Neuseeland, wurden Dutzende Anlagen gebaut. Die Schweiz wurde bald zur Nation mit den meisten Standseilbahnen; noch heute verkehren dort etwa 60 dieser Züge. Bis 1918 entstanden weltweit etwa 250 Anlagen; und bis in die heutige Zeit kamen weitere 150 Standseilbahnen hinzu. Ein Drittel aller Bahnen existiert jedoch nicht mehr.

Wurden die frühen Standseilbahnen meist für Städte oder umliegende Ausflugsziele gebaut, führten sie später auch in Hochgebirgsregionen oder dienten als Werksbahnen für Wasserkraftwerke in den Alpen.

Die ersten Standseilbahnen wurden mit **Dampfkraft** betrieben, später – mit der Verbreitung der Elektrizität – auch von E-Motoren. Einige nutzten für den Antrieb eine aufwendige, gänzlich umweltfreundliche Technik: den **Wasserballast**. Der Tank im Wagen in der Bergstation wurde mit Wasser befüllt, und dieses Zusatzgewicht zog den bergwärts fahrenden Zug von allein nach oben – ohne separaten Antrieb! In der Talstation wurde das Wasser abgelassen und der andere Zug in der Bergstation wieder befüllt.

SPECIAL

**DIE WASSERBALLASTBAHN VON FRIBOURG**

Eine der letzten Standseilbahnen mit Wasserantrieb verkehrt heute noch – in der Schweizer Stadt Fribourg im gleichnamigen Kanton. Die Bahn „Neuveville–St. Pierre“ wurde 1899 erbaut und 100 Jahre später liebevoll restauriert. Die Strecke ist 126 m lang und verbindet die Unterstadt mit der Oberstadt. Die beiden Züge sind originalgetreu von anno 1899 und fassen jeweils 3.000 Liter – Abwasser der oberen Straßenzüge, das anschließend in der Kanalisation der Unterstadt entsorgt wird.

## Cable Car

1873 feierte die Kabelbahn in den steilen Straßen von San Francisco (USA) Premiere – besser bekannt unter dem Namen „Cable Car" und berühmt aus vielen Filmen. Diese Art von **Straßenseilbahn** ersetzte die bis dahin verbreiteten Pferdeomnibusse und Pferdebahnen, die wegen Tierquälerei in Verruf geraten waren. Das Cable Car ist im Prinzip nichts anderes als eine **kuppelbare Standseilbahn**. Das Zugseil ist als Endlosschleife zwischen Start- und Endhaltepunkt gelegt und bewegt sich ohne Unterbrechung. Es verläuft unterirdisch genau unterhalb des Wagens, der auf Schienen fährt.

Für die Bedienung sind zwei Personen notwendig: ein Greifer-Mann (Gripper oder Gripman genannt) und ein Bremser (Braker). Der **Gripper** steht im vorderen Teil des Fahrzeugs und bedient den Steuerhebel. Durch den schmalen Schlitz im Boden klemmt er die Spannklaue (grip) an das laufende Seil, bei jedem Stationshalt löst er die Klaue wieder. Der **Braker** steht am Wagenende und bedient die Radbremse. Gripper und Braker verständigen sich während der Fahrt über zwei Glocken.

Das Cable Car fand zunächst Verbreitung in den USA: Um 1895 zählte man 125 Linien in 28 Städten. Allein in Chicago waren bis zu 300 Fahrzeuge gleichzeitig auf Schiene. In anderen Ländern der Erde war diesem Verkehrsmittel hingegen kein Erfolg beschieden. In Europa wurden nur wenige Cable Cars errichtet – in Paris, London, Lissabon und auf der Isle of Man. Hingegen setzten auch Melbourne (Australien) und Dunedin (Neuseeland) auf Kabelbahnen.

Cable Cars wurden allerdings bald schon überall durch **Straßenbahnen** mit Oberleitungsbetrieb ersetzt. Letztendlich haben Cable Cars einen entscheidenden Nachteil: den riesigen Seilverschleiß. Durch die ständigen Greifer-Berührungen mit laufendem Seil muss dieses alle paar Monate ausgetauscht werden.

Weltweit verkehren heute nur noch drei Linien in San Francisco. Die liebevoll gepflegten Oldtimer sind Wahrzeichen und Touristenattraktion der kalifornischen Stadt.

San Francisco (USA) ↑

SPECIAL

**DIE STANDSEILBAHN AUF DEN VESUV**

„Funiculì, Funiculà" – das weltbekannte neapolitanische Volkslied wurde von Peppino Turco anlässlich der Eröffnung der Standseilbahn auf den Vesuv (Italien) im Jahre 1880 komponiert. Diese Standseilbahn hatte eine Besonderheit: eine einzige Schiene. Weil der Lavaboden hinauf zum Kraterrand sehr labil ist und nur minimale Belastungen aushält, entschied man sich für eine Einschienenbahn in Leichtbauweise. Der Vesuv-Standseilbahn war kein langes Leben beschieden: 1900 wurde sie durch einen Brand zerstört. Wenige Jahre später baute man ihren Nachfolger, der 1945 einem Ausbruch des Vulkans zum Opfer fiel.

„Funiculì, Funiculà" ist übrigens ein Wortspiel – zusammengesetzt aus „Funiculare" (italienisch für Standseilbahn) sowie „lì" (da) und „là" (dort). Das bedeutet so viel wie „Seilbahn rauf, Seilbahn runter". In dem berühmten Liebeslied hält der Sänger um die Hand seiner Giovanna an und fleht sie an, gemeinsam mit der Seilbahn auf den Vesuv zu fahren und dort die herrliche Aussicht bis nach Spanien zu genießen.

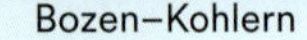

Bozen–Kohlern

Wetterhornaufzug

Genua

# Die ersten Personen-Seilbahnen

In der zweiten Hälfte des **19. Jahrhunderts** unternahm man große Anstrengungen, auch Menschen in die Luft zu bringen. Man tüftelte und verfolgte verschiedene Ansätze – mit unterschiedlichem Erfolg.

**1861** wurde über den Rheinfall in Schaffhausen (Schweiz) eine Seilbahn für zwei Personen gebaut, die per **Handkurbel** betrieben wurde.

Der spanische Ingenieur **Leonardo Torres Quevedo** baute in seinem Heimatdorf eine Seilbahn, die von zwei Kühen gezogen wurde.

Berühmt wurde er später durch seine legendäre Seilbahn **„Whirlpool Aero Car"** an den Niagarafällen, die heute noch praktisch unverändert in Betrieb ist.

Die amerikanischen Gebrüder Chandler versuchten sich an einer selbstfahrenden Seilbahn: Man saß in einer Art Draisine und fuhr mit Pedalantrieb über das Seil – ein erfolgloses Unterfangen.

Frühe, nur temporär aufgestellte, Pendelbahnen entstanden für die Weltausstellungen. So eröffnete die italienische Firma **Ceretti & Tanfani** 1894 für die Expo in Mailand eine 200 m lange Anlage.

### 1908 – DIE STUNDE NULL SEILBAHN BOZEN–KOHLERN UND DER WETTERHORNAUFZUG

Am 29. Juni 1908 wurde die Pendelbahn von **Bozen nach Kohlern (Südtirol)** eröffnet, initiiert vom umtriebigen Gastwirt Josef Staffler. Damit ist sie die erste offiziell für den Personenverkehr freigegebene Seilbahn.

Nur einen Monat später folgte der **Wetterhornaufzug** bei Grindelwald in der Schweiz. Der Name „Aufzug" kommt nicht von ungefähr: Die Seilbahn war derart steil (sagenhafte 200 %), dass die Kabine am Dach eine schräge Auskerbung hatte, um nicht das Tragseil zu berühren. Sie hatte zwei übereinander liegende Tragseile sowie zwei Zugseile. Ein langes Leben hatte der Wetterhornaufzug nicht: Wegen der Kriegswirren wurde er 1915 eingestellt. Er wurde nie wieder in Betrieb genommen und 1934 abgebaut.

Auch die Kohlerer Seilbahn verkehrte nicht lange: Sie war ursprünglich als Materialbahn konstruiert worden. Die Stützen bestanden bis auf eine aus Holz, und die Aufsichtsbehörden hatten keinerlei Erfahrung mit dem Personentransport in der Luft. Bezeichnend ist, dass zu jener Zeit das Eisenbahnministerium für die gesetzlichen Bestimmungen von Seilschwebebahnen zuständig war. Die hölzernen Gondeln hatten ein kutschenähnliches Aussehen und liefen mit zwei nicht pendelnden Doppelrollen über das Tragseil. Das wirkte sich negativ auf den Fahrkomfort aus; die

Fahrgäste beklagten sich über das ständige Holpern auf den vielen Stützen. Obwohl der Betrieb ohne gröbere Zwischenfälle verlief, entzogen die Behörden bereits zwei Jahre später aus Sicherheitsgründen die Betriebserlaubnis. Die Bahn Bozen–Kohlern musste neu konstruiert werden, den Auftrag erhielt dieses Mal die Firma Adolf Bleichert & Co. Die Stützen waren nun aus Stahl – wie auch die Kabinen, die den heutigen schon viel ähnlicher sahen. 1913 erfolgte die Eröffnungsfahrt.

## 1912 – SEILBAHN LANA–VIGILJOCH UND SEILBAHN AUF DEN ZUCKERHUT

Ein Wegbereiter des Seilbahnbaus, die Mailänder Firma **Ceretti & Tanfani**, erhielt den Auftrag, eine Pendelbahn aufs **Vigiljoch (Südtirol)** zu bauen. Sie wählte für dieses Projekt eine sehr komplizierte Konstruktionsweise mit fünf unterschiedlichen Seilen! Neben Trag- und Zugseilen waren auch ein seitliches Führungsseil, ein Ballast- sowie ein Bremsseil vorhanden. Letzteres sollte für den Fall eines Zugseilrisses die Kabine stoppen. Ende August 1912 ging schließlich die dritte für den Personenverkehr zugelassene Seilschwebebahn in Betrieb; sie blieb in dieser Form bis 1953 bestehen.

Alle bis dahin gebauten Seilbahnen besaßen einen gravierenden Nachteil: Nach damaliger Lehrmeinung blieben die Tragseile nur schlaff gespannt. Für die Pendelbahn **Lana–Vigiljoch** wurden so schwere Seile eingesetzt, dass die Spannweite gerade einmal bei 200 m lag. Für den zu überwindenden Höhenunterschied waren sage und schreibe 39 Stützen notwendig! Man kann sich vorstellen, dass die Fahrt alles andere als ein Honigschlecken war – denn das ständige Auf und Ab an den Stützen bereitete vielen Fahrgästen Übelkeit.

Zur selben Zeit baute das Unternehmen **Pohlig** aus Köln, das bereits über tausend Materialseilbahnen errichtet hatte, in Südamerika seine erste Personenseilbahn. Sie führte von **Rio de Janeiro (Brasilien)** hinauf auf den Zuckerhut, den markanten Hausberg der brasilianischen Küstenstadt. Im Oktober 1912 fand die Jungfernfahrt statt. Jahrzehntelang verrichtete die Touristenbahn zuverlässig ihren Dienst, bis sie 60 Jahre später generalüberholt wurde.

Mit der zweiten Kohlerer Bahn von Bleichert, der damals modernsten im Alpenraum, waren 1913 **weltweit vier Personenseilbahnen** in Betrieb. Doch dann brach der Erste Weltkrieg aus, und es sollten zehn Jahre vergehen, ehe ein weiterer Seilbahn-Pionier mit einer Pendelbahn neue Maßstäbe setzen würde: Luis Zuegg.

Zuckerhut

Lana–Vigiljoch

Turin

# Militär- und Feldseilbahnen

1915 begann der **Gebirgskrieg** in den Alpen. Verbittert kämpfte an der Dolomitenfront Italien gegen Österreich-Ungarn. Es war ein erbarmungsloser Stellungskampf hoch oben in den Bergen. Nach dem katastrophalen Lawinen- und Steinschlagwinter 1915/16 mit zahlreichen Verlusten wurden auf beiden Seiten hektisch Kriegsbahnen gebaut. Am Ende waren es bis zu 3.000 Militärbahnen, mit denen der Nachschub an die Frontlinie gesichert werden sollte. Die Gesamtlänge aller Anlagen soll **4.200 km** betragen haben. Dabei leisteten die Erbauer Unglaubliches: Sie trotzten Wind und Wetter, und Spannfelder von über 3.000 m zwischen zwei Stützen wurden überwunden – was bis dahin als unmöglich galt.

In Italien stellte Ceretti & Tanfani am laufenden Band **Kriegsbahnen** her, auf deutscher Seite war es die Bleichert AG. Auch **Luis Zuegg** aus Lana (Südtirol) war als Landsturmingenieur am Bau mehrerer Feldbahnen beteiligt. Als ein Tragseil um 200 m zu kurz geliefert wurde, machte er aus der Not eine Tugend – und nebenbei eine revolutionäre Entdeckung. Gegen alle Vorschriften ließ er das zu kurze Tragseil entsprechend stark spannen und sparte auch Stützpfeiler ein. Mit Erfolg: Die Seilbahn funktionierte tadellos.

Zuegg erkannte, dass erst eine **straffere Seilspannung** zu mehr Sicherheit beiträgt; denn schwach gespannte Tragseile werden bei fahrender Gondel an den Auflagepunkten der Stütze stark gebogen und die Drähte werden übermäßig beansprucht. Je mehr man das Tragseil spannt, umso weniger Drahtbrüche treten auf. Das bedeutet auch eine längere Lebensdauer der Tragseile, weniger Stützen und höhere Fahrgeschwindigkeiten. Von nun an wurden die Tragseile dreimal so stark gespannt wie früher.

Auch mit weiteren Ideen und Experimenten trieb Luis Zuegg die Entwicklung voran. Er schaffte es, **über die Seile zu telefonieren**. Das war eine enorme Erleichterung im Krieg. Auch diese Errungenschaft ist bei Seilbahnen heute selbstverständlich: das Senden von elektrischen Impulsen über die Seile.

Zuegg tüftelte weiter und erfand die **Fangbremse** (auch Tragseilbremse genannt), die sich bei Zugseilriss um das Tragseil klemmt und das Fahrzeug zum Stehen bringt. Zuvor war dazu ein eigenes Bremsseil nötig gewesen.

SPECIAL

**DAS SYSTEM BLEICHERT-ZUEGG**

Nach dem Ersten Weltkrieg liefen die Projekte für Personenschwebebahnen wieder an. Dem findigen Ingenieur Luis Zuegg gelang der endgültige Durchbruch: 1923 baute er mit seinem eigenen Geld eine mustergültige Seilbahn von **Meran nach Hafling (Südtirol)** und setzte dabei alle seine zum Patent angemeldeten Erfindungen ein. Die Bahn war richtungsweisend für viele weitere Anlagen. Die Gebrüder Bleichert wurden auf ihn aufmerksam und übernahmen per Lizenzvertrag seine Patente. Das System „Bleichert-Zuegg" war geboren und trat seinen Siegeszug an. In den Zwischenkriegsjahren wurden 40 Seilbahnen nach diesem Prinzip errichtet. Bis heute beruhen etwa drei Viertel aller Pendelbahnen auf dieser Technologie.

## Schlitten- und Schlepplifte

In den 1920er Jahren begann sich der **Skisport in den Alpen** zu verbreiten. Schlittenlifte, sogenannte „Funi“, kamen in Mode – eine Art Standseilbahn auf Kufen. Zwei **Schlitten** waren an einem Zugseil befestigt und fuhren gegenläufig auf und ab; der Antrieb erfolgte mit einem Elektromotor. Bis zu 50 Personen hatten auf dem Gefährt Platz. Gelenkt wurden sie von einem Schlittenführer, dem auch eine Bremse zur Verfügung stand. Die meisten Funi-Schlitten gab es in der Schweiz – der letzte ging erst 1995 in Rente.

In den 1930er Jahren entstanden die ersten modernen **Schlepplifte** mit selbsteinziehendem Bügel. Der Schweizer Ingenieur **Ernst Constam** hatte die Idee, einen Sitzbügel zu verwenden, den man sich unter das Gesäß schieben konnte. Zuvor hatte man sich noch mit einem Handgriff am Seil festhalten müssen. Die Skifahrer waren begeistert. Der Rest ist Geschichte: Schlepplifte wurden zum mit Abstand meistgebauten Seilbahntyp der Welt.

## Fixe Sesselbahnen

Der Berg lockte immer mehr – und viele Konstrukteure versuchten sich an Lösungen für eine bequemere Aufstiegshilfe. Die Idee, sich sitzend in die Höhe transportieren zu lassen, war geboren. Den Anfang machte ausgerechnet eine Eisenbahngesellschaft. Averell Harriman, Präsident der **Union Pacific Railway**, wollte seine Bahnlinie durch den Wilden Westen aufpeppen. Also ließ er an einer einsamen Bahnstation in Sun Valley (USA) ein Tiroler Skidorf nachbauen – der **erste fixgeklemmte Einer-Sessellift** war geboren. Aber es fehlten noch Armlehne, Fußraster und Schließbügel …

Bald kam der Wunsch auf, auch im Sommer Ausflügler auf die Berge zu chauffieren. Nun ging es Schlag auf Schlag: Zu den Einer-Sesselliften gesellten sich unzählige Bahnen mit Zweier-, Dreier- und Vierer-Sesseln. Ihren Höhepunkt hatten die fixgeklemmten Seilbahnen in den 1970er Jahren.

Limone Piemonte ↑ Seiser Alm, Monte Piz ↓

**MIT DEM STEHLIFT ZUM BADEN**

In Italien und Frankreich waren nach 1945 auch Stehlifte beliebt: offene, zweiplätzige Korbseilbahnen, in die man bei laufender Anlage aufspringen muss. Ein echtes Kuriosum war dieser Stehlift: Er wurde 1937 eröffnet und brachte Badegäste zum Strand des Vierwaldstättersees (Schweiz). Man stand auf einer Plattform und hielt sich an der Gehängestange fest. Wegen der nur leicht bekleideten Badegäste galt er schon fast als skandalös. Bis in die 1980er Jahre wurde der Stehlift rege genutzt.

# Kuppelbare Seilbahnen

Die Förderleistung von fixgeklemmten Seilbahnen stellte nicht alle zufrieden. Die Entwicklung einer **kuppelbaren Klemme** war daher naheliegend. Die Geschichte des praktischen Bauteils geht aber viel weiter zurück. Bereits **1871** wurde die kuppelbare Klemme als Patent angemeldet und in der Folge bei vielen Materialseilbahnen eingesetzt.

**1945** war es schließlich auch beim Personentransport so weit: Die **erste kuppelbare Doppelsesselbahn** ging im Schweizer Kurort **Flims** in Betrieb. Entwickler war Paul Zuberbühler, Chefkonstrukteur des Schweizer Herstellers Von Roll. Die legendäre Klemme „VR101" kuppelte selbstständig vom Förderseil ab. Allerdings blieb das Fahrzeug vollständig stehen; das Personal musste es händisch weiterschieben. Augenfälliges Merkmal der Von Roll'schen Sesselbahnen waren die **Seitwärtssessel**, bei denen die Fahrgäste quer zur Fahrtrichtung saßen.

Als Erfindung hochgepriesen, erwies sich das VR101-System jedoch als ziemlich teuer. Und auch die Sitzposition quer zur Bahnachse war ein Hemmschuh – eine Beförderung mit angeschnallten Skiern war nicht möglich. Andere Hersteller versuchten sich ebenfalls an der Weiterentwicklung – mit bescheidenem Erfolg: Die fixgeklemmten Seilbahnen blieben weitaus populärer.

Erst der Hersteller Poma schaffte **1972** den entscheidenden Durchbruch: Nun klappte es auch mit dem automatischen Verlangsamen und Beschleunigen der Fahrzeuge in der Station. Viele andere Hersteller erkannten die Vorzüge kuppelbarer Systeme und trieben die Entwicklung weiter voran. Es folgten Vierer-, Sechser- und 1998 die erste Achter-Sesselbahn.

Und die Kabinenbahnen? Auch die haben sich in den letzten 50 Jahren stetig weiterentwickelt: Einst nur für zwei Personen konstruiert, können heute bis zu 16 Personen mitfahren.

Schneller, größer und leistungsfähiger: Der Siegeszug der kuppelbaren Seilbahnen ist bis heute auf der ganzen Welt ungebrochen.

SPECIAL

**CHICAGO SKYRIDE**

Absolut futuristisch mutet die „Skyride"-Seilbahn an, eröffnet 1933 anlässlich der Weltausstellung in Chicago (USA). Die Stadt war auf der Suche nach einer einmaligen Attraktion – wie es der Eiffelturm für die Pariser Weltausstellung von 1889 gewesen war. In nur sechs Monaten wurde das spektakuläre, raketenförmige Fahrzeug am Hafen des Michigansees errichtet. Zwölf Kabinen zu je 36 Personen fuhren auf vier Tragseilen und wurden in den Stationen automatisch abgekuppelt. Die Förderleistung betrug sensationelle 5.000 Personen pro Stunde; 4,5 Millionen Besucher nahmen die Gelegenheit wahr. Sie blieb nur bis Ende 1934 in Betrieb und wurde dann wieder abgebaut.

## Tschiatura – die „Stadt der Seilbahnen"

Tschiatura war einst eine blühende Bergbaustadt in Georgien. Als im nahen Kaukasusgebirge **Mangan** entdeckt wurde, ließ man in den 1950er Jahren unzählige Seilbahnen errichten, um die Minenarbeiter zu ihren Arbeitsplätzen zu bringen und das Erz abzutransportieren. Mangan wird zur Härtung von Stahl verwendet. Zur Blütezeit soll es dort mehr als 60 Seilbahnen gegeben haben.

Vom einstigen Aufschwung ist nichts mehr zu spüren: Erz wird kaum noch abgebaut, und die Bevölkerung hat sich halbiert. Ein Relikt aus der Sowjetzeit hat sich jedoch erhalten: die Seilbahn. Heute verkehren nur noch ganz wenige davon; und sie sind das einzige öffentliche Transportmittel. Zu Recht wird Tschiatura deshalb „Stadt der Seilbahnen" genannt.

Die Einwohner nennen die Gondeln im Scherz „metallene Särge". Und das hat seinen Grund: Die rostigen Gondeln sehen abenteuerlich aus, ihr Zustand ist marode. Die Technik wurde nie erneuert. Noch heute werden die Seilbahnen von Hand gesteuert. Jede Fahrt ist eine Mutprobe – nichts für schwache Nerven!

## Utopia

Tollkühne Seilbahnprojekte gab es zuhauf im Laufe der Geschichte. Gescheitert sind sie entweder an der Machbarkeit oder ganz einfach am Geld. Bei manchen kamen auch die Weltkriege dazwischen.

Ingenieure wollten Pendelbahnen bis auf die Spitze des Matterhorns und auf den Großglockner bauen. Adolf Bleichert & Co. sah für die 1912 geplante Zugspitzbahn eine **doppelstöckige Kabine** vor. Bei geringem Besucherandrang hätte man den unteren Teil der Gondel einfach aushängen können. Ein italienischer General wollte im Zweiten Weltkrieg eine **Unterwasserseilbahn** vom Festland nach Sizilien bauen. All diese Projekte blieben in der Schublade.

Einige supercoole Seilbahnen sind nicht nur Luftschlösser geblieben, sondern hat es tatsächlich gegeben – wie den **„Skiway Aerial Bus"** in Timberline Lodge (USA). Man hängte einfach einen Autobus an vier Tragseile. Die Zugseile waren um Seilscheiben anstelle der Reifen geführt. Zwei zusätzliche Bremsseile am Dach brachten das Vehikel zum Stillstand. Lange hat es den „Skiway Aerial Bus" allerdings nicht gegeben: Er war von 1951 bis 1956 im Einsatz.

DIE SEILBAHNTYPEN

# EIN KONZEPT, VIELE VARIANTEN

Pendelbetrieb oder Umlaufbetrieb, Einseil-, Zweiseil- oder Dreiseilbahn, fixgeklemmt oder kuppelbar, in der Luft oder am Boden – es gibt eine Reihe von unterschiedlichen Bahnsystemen, die je nach Anforderung oder Geländebeschaffenheit eingesetzt werden. Unterschieden werden Seilbahntypen nach fünf Merkmalen: nach ihrer Betriebsweise, der Funktion und Anzahl der eingesetzten Seile, den Merkmalen der eingesetzten Fahrzeuge, der Art der Verbindung zwischen Seil und Fahrzeug und der Lage der Fahrbahn.

# Seilbahntypen

## PENDEL- UND UMLAUFBETRIEB

Beim **Pendelbetrieb** bewegen sich zwei Fahrzeuge auf derselben Fahrbahn von Tal zu Berg und wieder zurück. Sie pendeln hin und her. Der Ein- und Ausstieg der Fahrgäste erfolgt bei stehender Kabine.

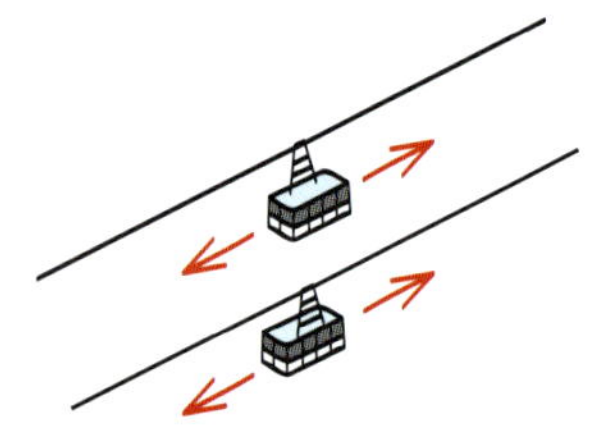

Beim **Umlaufbetrieb** verkehren mehrere Fahrzeuge in gleich bleibender Fahrtrichtung: Sie bewegen sich auf einer Fahrbahn zur Gegenstation, durchlaufen diese und fahren auf der anderen Seite wieder zurück.

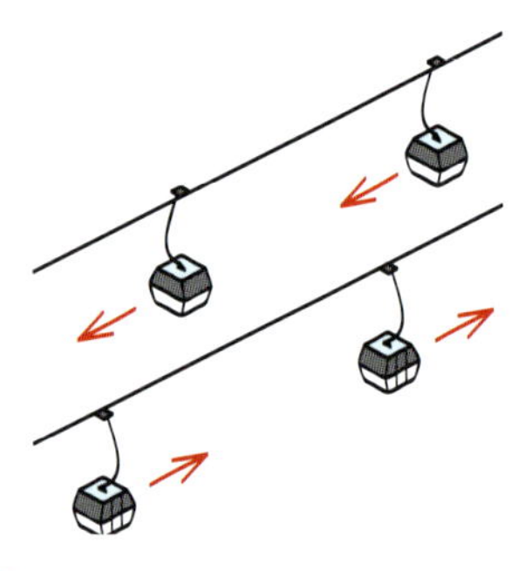

## EINSEIL-, ZWEISEIL- UND DREISEILBAHNEN

Bei der **Einseilbahn** werden die Fahrzeuge durch ein einziges Seil gleichzeitig getragen und bewegt. Man nennt es Förderseil.

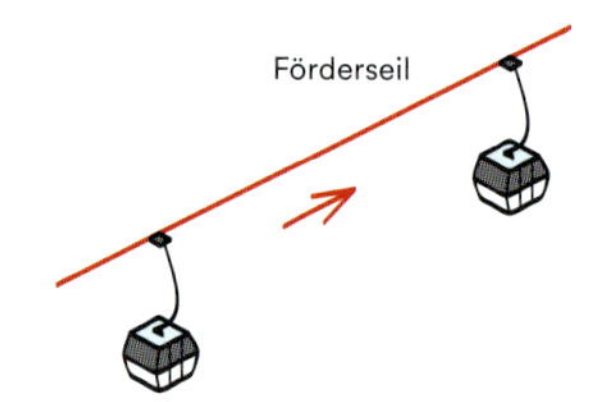


Bei der **Zweiseilbahn** werden die Fahrzeuge durch zwei getrennte Seilgruppen getragen bzw. bewegt: Das Tragseil trägt die Kabine; das Zugseil zieht sie. Das Tragseil ist fix verankert und bewegt sich nicht; das Zugseil wird von einem Motor angetrieben.

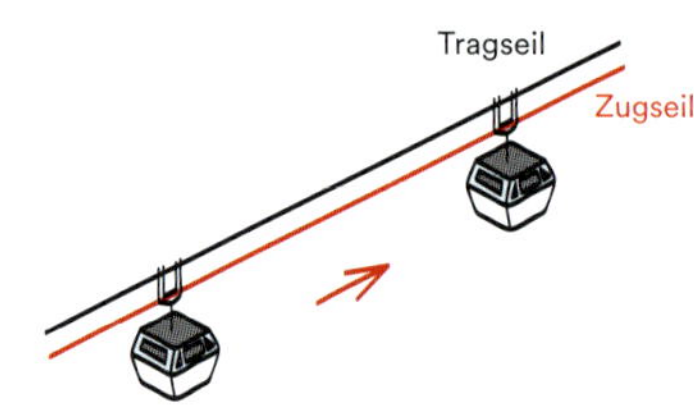


Bei der **Dreiseilbahn** werden die Fahrzeuge durch drei getrennte Seile getragen bzw. bewegt: Zwei Tragseile tragen die Kabine; das Zugseil zieht sie. Durch das Doppeltragseil ist die Bahn weniger windanfällig.

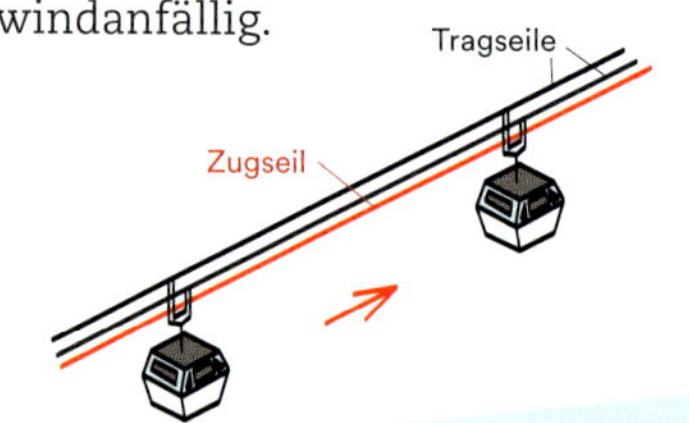


## FESTE UND KUPPELBARE SEILKLEMMEN

Bei **Umlaufbahnen mit festen Seilklemmen** sind die Fahrzeuge dauerhaft ans Seil geklemmt und durchfahren die Stationen mit Seilgeschwindigkeit.

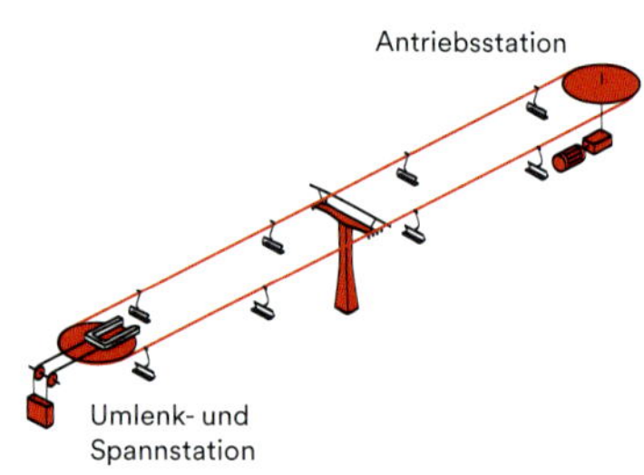


Bei **Umlaufbahnen mit kuppelbaren Seilklemmen** sind die Klemmen am Seil betriebsmäßig lösbar: Sie werden bei Stationseinfahrt geöffnet. Das Fahrzeug wird zum bequemen Aus- und Einsteigen auf eine geringe Stationsumlaufgeschwindigkeit abgebremst. Vor der Stationsausfahrt wird das Fahrzeug wieder beschleunigt und an das Seil gekuppelt.

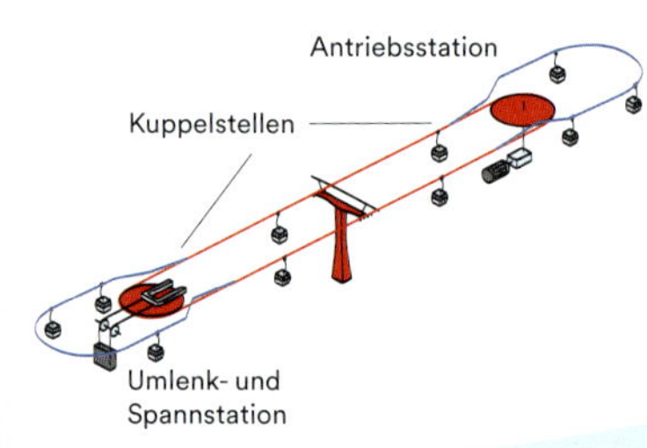

# Fahrzeugarten

Schleppgehänge

Sessel

Kabine

# Lage der Fahrbahn

Luft

Schnee

Schiene

# Einseilumlaufbahnen

Surface Lift (SL)

## Schlepplifte

Beim Schlepplift werden Skifahrer oder Snowboarder mittels einer Schleppvorrichtung auf einer **Schleppspur** gezogen, die mit Schnee präpariert ist. Als Schleppvorrichtung dient entweder ein Teller, den sich eine Person zwischen die Beine klemmt, oder ein ankerförmiger Bügel für zwei Personen.

Die **Einziehvorrichtung** hat einen Aufrollmechanismus, der für eine sanfte Anfahrt sorgt. Die Fahrgeschwindigkeit kann stufenlos reguliert werden. Schleppliftfahren ist kinderleicht – bereits die Kleinen haben ihre Freude daran.

Die **T-Stützen** sind geneigt, sodass Pistenraupen die Fahrspur präparieren können.

Schlepplifte gibt es schon sehr lange; der erste wurde in den **1930er Jahren** erbaut. Man findet sie überall – sie sind der weltweit meistverwendete Seilbahntyp. Zudem sind sie kostengünstig und wartungsfreundlich, ihre Bauweise ist kompakt. Die einfache und ausgereifte Technik garantiert eine lange Lebensdauer.

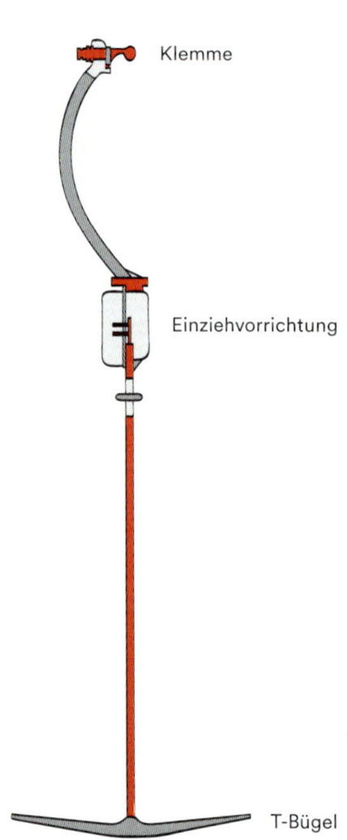


## FACTS

Schleppteller für eine Person oder T-Bügel für zwei Personen

Fahrgeschwindigkeit bis zu **3,5 m/s** (12,6 km/h)

Förderleistung bis zu **1.200 P/h**

Chairlift Fix Gripped (CLF)

## Fixgeklemmte Sessellifte

Die Sessel sind dauerhaft mit dem Seil verbunden und durchfahren die Station mit **konstanter Seilumlaufgeschwindigkeit**. Diese ist zwangsläufig eher gering, denn die Fahrgäste müssen bei voller Geschwindigkeit zu- bzw. aussteigen.

Fixgeklemmte Sessellifte können mit einem **Einstiegsförderband** ausgerüstet sein. Dadurch können die Skifahrer leichter aufsitzen, weil auch sie beschleunigt werden.

Damit das Förderseil an den **Klemmstellen** nicht zu sehr beansprucht wird, müssen die Seilklemmen in regelmäßigen Zeitabständen geöffnet und um einige Zentimeter versetzt werden. Dies geschieht außerhalb des regulären Betriebs.

Der erste Sessellift dieser Art entstand in den 1930er Jahren. Nach dem Zweiten Weltkrieg erlebte der Tourismus in den Alpen dank des Wirtschaftswunders einen rasanten Aufschwung, und mit ihm stieg der Bedarf an Aufstiegshilfen – zahlreiche Einser- und Zweier-Sessellifte wurden errichtet. Fixgeklemmte Seilbahnen waren lange Zeit sehr verbreitet, jetzt werden sie zunehmend durch die moderneren kuppelbaren Systeme abgelöst.

**FACTS**

Zweier-, Vierer- oder Sechser-Sessel

Fahrgeschwindigkeit bis zu **2,8 m/s** (10 km/h)

Förderleistung bis zu **2.880 P/h**

# Kuppelbare Seilbahnen

Bei kuppelbaren Seilbahnen ist die Fahrgeschwindigkeit der Fahrzeuge in der Station und auf der Strecke unterschiedlich: Sobald der Sessel bzw. die Kabine in die Station einfährt, wird die Klemme über die Kuppelschiene automatisch geöffnet. Das Fahrzeug hängt nun nicht mehr am Seil. Ein eigenes Fördersystem befördert es langsam im Stationsbogen weiter. Der Vorteil ist, dass man in Ruhe aussteigen oder zusteigen kann. Bei Stationsausfahrt beschleunigt das Fahrzeug wieder auf Seilgeschwindigkeit. Über eine weitere Kuppelschiene schließt sich die Kuppelklemme am Seil wieder.

Ausgeklügelte mechanische und elektronische Sicherheitseinrichtungen überwachen den reibungslosen Betrieb in der Station. Entdeckt das System eine Unregelmäßigkeit, wird die Seilbahn sofort abgeschaltet.

### FÖRDERSYSTEM

Die Stationsfördereinrichtung bewegt das entkuppelte Fahrzeug mit geringer Geschwindigkeit durch die Station. Dieses Fördersystem ist entweder ein Kettenförderer mit sogenanntem Mitnehmer, in der Regel jedoch ein Reifenförderer: Luftreifen, die über Keilriemen durch einen Motor angetrieben werden, transportieren die Klemme samt Fahrzeug auf einer Schiene weiter. Im Verzögerungs- und Beschleunigungsbereich laufen die Reifen über Keilriemen mit unterschiedlicher Geschwindigkeit: So wird das Fahrzeug bei der Einfahrt abgebremst, bei der Ausfahrt wieder beschleunigt. Die Stationen sind bei kuppelbaren Seilbahnen entsprechend länger, um dies zu gewährleisten.

### DIE KLEMME

Das Prinzip der Klemme ist dem einer Wäscheklammer ähnlich. Ein vorgespanntes Federpaket erzeugt die notwendige Klemmkraft am Seil. In der Station drückt die Kuppelschiene auf die Kuppelrolle der Klemme. Über das Hebelsystem öffnen sich die Klemmbacken. Umgekehrt schließen sich die Klemmbacken wieder, wenn auf das Federsystem kein Druck mehr ausgeübt wird.

### ÜBERWACHUNGSEINRICHTUNGEN FÜR DEN KUPPELVORGANG

In der Station überwachen verschiedene Sensoren und Durchfahrtblenden, dass der Kuppelvorgang korrekt vor sich geht und die Klemme einwandfrei arbeitet. Die Klemmkraftprüfung misst, ob die erforderliche Klemmkraft am Seil gegeben ist. Falls nicht, stoppt die Seilbahn.

### ÜBERWACHUNGSEINRICHTUNGEN FÜR DIE FAHRZEUGE

Verschiedene Sicherheitssysteme sorgen dafür, dass die Fahrzeuge in der Station ordnungsgemäß weiterbewegt werden und nicht aufeinanderprallen.

## FACTS

Fahrgeschwindigkeit auf der Strecke: bis zu **8,5 m/s** (30,6 km/h)

Fahrgeschwindigkeit in der Station: geringer als **0,5 m/s** (Schrittgeschwindigkeit)

Chairlift Detachable (CLD)

# Kuppelbare Sesselbahnen

Der Sessel ist mit einer kuppelbaren Klemme am Seil befestigt. Bei Stationseinfahrt wird die Klemme geöffnet. Das Fahrzeug ist jetzt sehr langsam, weil es nicht mehr am Seil hängt. Alles easy: Man kann in Ruhe ab- oder zusteigen.

Auch bei kuppelbaren Sesselbahnen kommen **Fahrgastförderbänder** zum Einsatz, damit man leichter aufsitzen kann.

Bis zu acht Personen können auf einem Sessel Platz nehmen. Daneben sind Vierer- und Sechser-Sessel die gängigsten Typen.

Sesselbahnen können vielfältig ausgestattet sein: mit automatischer Schließbügelschließung und -verriegelung, mit kindersicherer Fußauflage (das Rohr mit der Fußauflage befindet sich mittig, zwischen den Beinen, sodass man nicht unter dem Schließbügel durchrutschen kann), mit Wetterschutzhaube oder Sitzheizung.

Bei Bedarf können die Sessel auch vom Seil genommen und in einem Gebäude „geparkt“ werden, zum Beispiel bei drohender Unwettergefahr.

## FACTS

Vierer-, Sechser-, Achter-Sessel

Fahrgeschwindigkeit bis zu **7,0 m/s** (25,2 km/h)

Förderleistung bis zu **4.000 P/h**

Chandragiri, Nepal

**Monocable Gondola Detachable (MGD)**

## Kuppelbare Gondelbahnen

Kuppelbare Gondelbahnen sind in ihrer Machart den kuppelbaren Sesselbahnen sehr ähnlich. Auch hier werden die Fahrzeuge in der Station vom Seil abgekuppelt. So durchfährt die Kabine den Stationsbogen sehr langsam, und man kann in Ruhe zu- oder aussteigen.

Acht bis 15 Fahrgäste haben in einer Kabine Platz; pro Person werden 80 kg kalkuliert, die Höchstlast bei 15 Personen beträgt also 1.200 kg. Am häufigsten sind Achter- oder Zehner-Gondeln.

Kuppelbare Gondelbahnen sind weit verbreitet: Sie können im Winter wie im Sommer eingesetzt werden – und nicht nur am Berg, sondern auch in der Stadt.

Die **Türüberwachung** sorgt dafür, dass die Kabine die Station niemals mit geöffneten Türen verlässt.

Man kann sein Wintersportgerät oder Bike mitnehmen. Der Einstieg mit Kinderwagen bzw. Rollstuhl ist bequem, da alle neuen Seilbahnen barrierefrei sein müssen.

Die Kabinen sind großzügig verglast – so hat man nach allen Seiten den Blick frei auf das Panorama. Sie können auch luxuriös ausgestattet sein: mit Ledersesseln, beheizten Sitzen, Klimaanlage, Licht- und Sound-System, WLAN und sogar Glasboden. Nichts für schwache Nerven!

Wie die Sessel können auch die Kabinen geparkt werden, damit sie nachts nicht auf der Strecke bleiben müssen.

## FACTS

Kabinen für
**8, 10, 12, 15**
Personen

Fahrgeschwindigkeit bis zu
**7,0 m/s** (25,2 km/h) (D-Line, MGD)

Förderleistung bis zu
**4.000 P/h**

# Kuppelbare Kombibahnen

Eine Seilbahn, bei der **Sessel und Kabinen** am selben Seil hängen? Auch das ist möglich. Es ist besonders praktisch, wenn Fahrgäste mit unterschiedlichen Sportgeräten mitfahren: Rodler packen den Schlitten in die Gondel, der Skifahrer wählt bequemerweise den Sessel, damit er seine Skier nicht abschnallen muss. Anfänger und Kinder können sich für die Kabine entscheiden.

Die **Zustiegsbereiche** für Sessel und Gondel sind getrennt. Das Mischverhältnis ist variabel, es können je nach Bedarf mehr Fahrzeuge eines Typs eingesetzt werden; im Sommer beispielsweise auch nur Gondeln.

Kombibahnen sind eine Erfindung jüngeren Datums; es gibt sie erst seit einigen Jahren.

Gleichzeitige Beförderung von Fahrgästen mit unterschiedlichen Anforderungen an den Transport (Schlitten, Ski, Snowboard, Kinderwagen ...)

Chair Gondola Detachable (CGD)

**FACTS**

Sessel oder Kabinen, frei wählbar

Fahrgeschwindigkeit bis zu **6,0 m/s** (21,6 km/h)

Förderleistung bis zu **3.900 P/h**

Monocable Gondola Fix Pulsating (MGF-P)

## Gruppenbahnen

Bei Gruppenbahnen fahren mehrere Fahrzeuge mit geringem Abstand hintereinander her. Üblicherweise sind sie **fix an das Förderseil** geklemmt. Zwei Gondelgruppen liegen in der Seilschleife genau gegenüber und erreichen gleichzeitig die Berg- bzw. Talstation. Sobald der Bahnsteig erreicht ist, stoppt die Gruppenbahn, damit die Fahrgäste aus- und einsteigen können.

Der Nachteil: Alle anderen Kabinen auf der Strecke bleiben währenddessen ebenso stehen. Danach fährt die Seilbahn wieder los.

Früher waren Gruppenbahnen beliebt, weil die Technik nicht allzu aufwendig ist und trotzdem auf kurzen Strecken eine hohe Förderleistung erreicht wird. Heute werden nur noch wenige Gruppenumlaufbahnen gebaut.

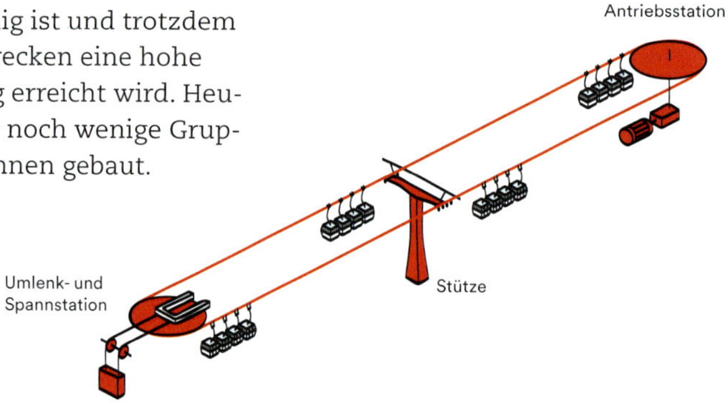

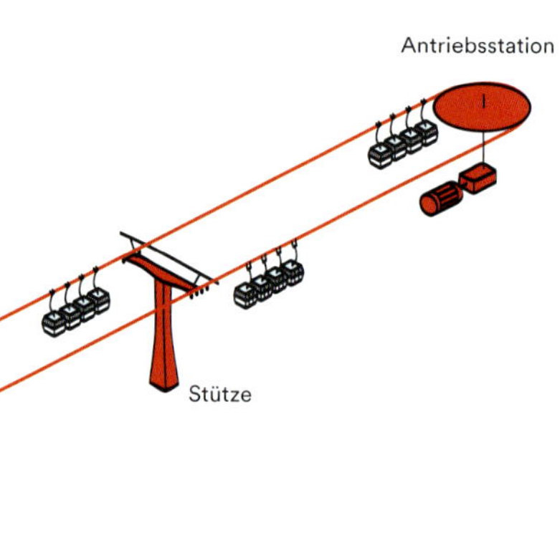


**FACTS**

Gondeln für **6 bis 15** Personen

Fahrgeschwindigkeit bis zu **7,0 m/s** (25,2 km/h)

# Zweiseilumlaufbahnen

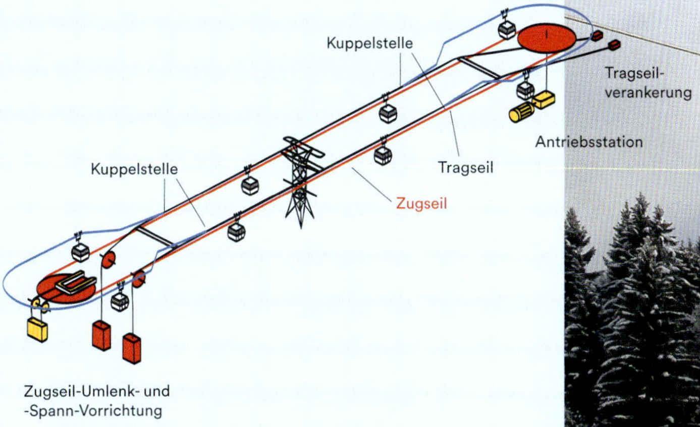

Bicable Gondola Detachable (BGD)

## 2-S-Bahn

Bei einer Zweiseilumlaufbahn (2-S-Bahn) handelt es sich um eine **kuppelbare Gondelbahn**, bei der zwei voneinander unabhängige Seile zum Einsatz kommen: ein Tragseil und ein Zugseil. Das **Tragseil** ist in den Stationen fest verankert. Auf diesem fährt das Fahrzeug mithilfe des Laufwerks, an dem die Laufwerksrollen befestigt sind, rauf und runter.

Das **Zugseil** zieht die Gondel. Es ist an den Enden gespleißt – also miteinander verbunden – und bildet eine umlaufende Endlosschleife.

Die Gondeln werden in der Station automatisch entkuppelt. Bei der Stationsausfahrt werden die Kabinen wieder beschleunigt und an das Zugseil gekuppelt.

Das Tragseil liegt auf einem **Seilschuh** auf – in den Stationen und ebenso bei den Seilbahnstützen. Hier ist die Seilrille gefettet, denn das Tragseil bewegt sich aufgrund von Temperaturschwankungen und unterschiedlicher Last. Das bewegte Zugseil hingegen wird durch Seilrollen über den Stützenseilsattel geführt.

Was sind die **Vorteile** einer 2-S-Bahn gegenüber einer Einseilbahn? Weil Trag- und Zugseil getrennt sind, können die Gondeln größer sein und mehr Personen aufnehmen. Außerdem ist eine höhere Stabilität bei Wind gewährleistet. Die Spannfelder zwischen den Stützen können länger sein, und die Fahrgeschwindigkeit ist höher.

## FACTS

Kabinen bis zu **16** Personen

Fahrgeschwindigkeit bis zu **7,0 m/s** (25,2 km/h)

Förderleistung bis zu **4.000 P/h**

# Doppel-EinSeilbahnen

## Kuppelbare Funitel-Bahnen

Funitel-Bahnen weisen eine Besonderheit auf: Die Fahrzeuge fahren auf zwei Seilen. Genau genommen handelt es sich um eine sogenannte Doppel-Einseilbahn: Es ist nur ein einziges durchgehendes Seil vorhanden, das in eine **Doppelschlaufe** gelegt wurde. Zwei parallel geführte Seilstränge führen Richtung Berg und zwei Richtung Tal. Klingt kompliziert? Ist es auch.

Die **Spurbreite** – der Abstand zwischen beiden Seilen – beträgt 3,2 m, das Gehänge ist relativ kurz. Funitel-Seilbahnen sind sehr windstabil: Selbst bei einer Windstärke von 100 km/h kann noch gefahren werden, denn die doppelte und breite Seilführung verhindert, dass die Kabinen zu sehr schaukeln. Gleichzeitig können auch große **Spannfeldlängen** – der Abstand zwischen zwei Stützen – überwunden werden.

Funitel (FUN)

Funitel-Bahnen sind kuppelbare Umlaufbahnen: Die Gondeln sind mit insgesamt vier Klemmen an die beiden Seile geklemmt. Sobald die Fahrzeuge in die Station einfahren, werden sie vom Seil gelöst. Im Schritttempo ist das Aus- und Einsteigen leichter.

Die technische Herangehensweise an diesen Seilbahntyp kann je nach Hersteller unterschiedlich sein.

Besonders spektakulär präsentiert sich die Galzigbahn in St. Anton (Österreich): In der Talstation werden die abgekuppelten Gondeln über Riesenräder einen Stock tiefer befördert. Hier steigen die Fahrgäste zu. Danach werden die Kabinen über das große Rad wieder auf die obere Ebene angehoben. So spart man sich das Treppensteigen! Weil das Gebäude komplett verglast ist, hat man den Blick frei auf die Technik – ein echter Hingucker!

Das Funitel-Seilbahnsystem ist nicht allzu häufig anzutreffen. Denn die komplexe Seilführung hat auch Nachteile: Durch die Doppelschleife ist das Seil viel länger und der Verschleiß durch die vielen Ablenkungen in den Stationen größer als bei herkömmlichen Seilbahnen. Durch die höhere Reibung ist auch mehr Energie für den Antrieb notwendig.

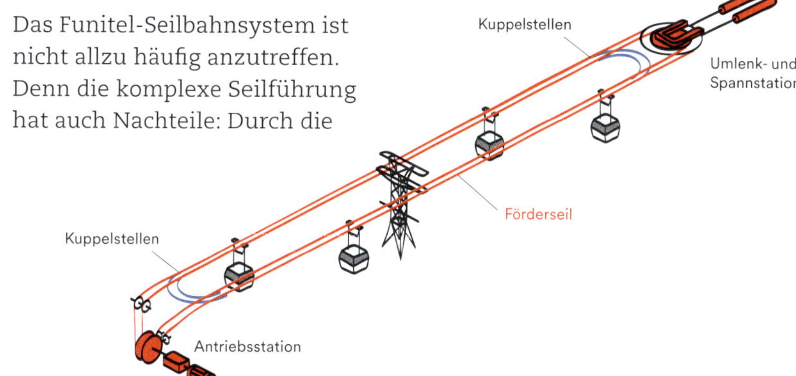

**FACTS**

- Kabinen bis zu **24** Personen
- Fahrgeschwindigkeit bis zu **7,5 m/s** (27 km/h)
- Förderleistung bis zu **4.000 P/h**
- Betrieb bei Windgeschwindigkeit bis zu **100 km/h** möglich

# Dreiseilumlaufbahnen

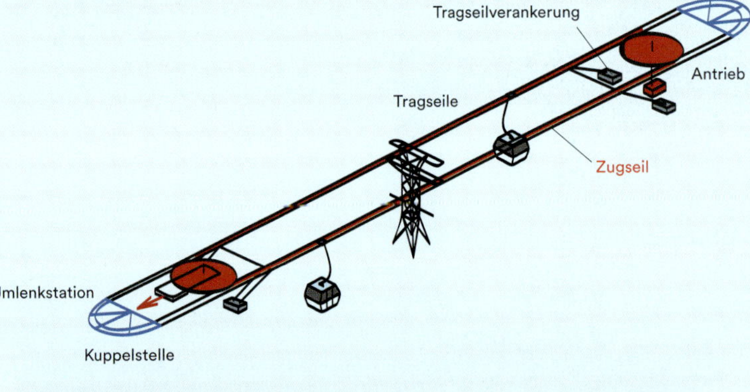


Tricable Gondola Detachable (TGD)

## 3-S-Bahnen

Aller guten Dinge sind drei: Die Dreiseilumlaufbahn (3-S-Bahn) hat ein Zugseil und zwei Tragseile, auf denen das Laufwerk aufliegt. Mithilfe der **Laufwerksrollen** bewegt sich das Fahrzeug, das vom Zugseil gezogen wird, berg- und talwärts.

Die Kabine ist über zwei unabhängige Kuppelklemmen mit dem Zugseil verbunden; dieses ist als umlaufende Endlos-Seilschleife gelegt. In der Station wird das Fahrzeug ausgekuppelt und über die Reifenverzögerer abgebremst. Es durchfährt langsam den Stationsbogen, bevor es wieder beschleunigt und eingekuppelt wird.

Die Tragseile sind in den Stationen fest verankert. Dort liegen sie auf den Seilschuhen auf. An der Stütze werden sie über **Seilsättel** geführt. Die Tragseile bewegen sich trotzdem immer ein wenig, je nachdem, ob es kalt oder warm ist und ob die Kabinen voll oder leer sind. Auf dem Stützenseilsattel liegt in der Mitte – zwischen den beiden Tragseilen – das Zugseil auf den beweglichen Seilrollen.

Entlang der Strecke sind an den Tragseilen **Zwischenaufhängungen** befestigt. Sie halten die beiden Seile im konstanten Abstand zueinander und dienen gleichzeitig als Auflage für das Zugseil, das ansonsten zu sehr durchhängen würde.

Dreiseilumlaufbahnen sind äußerst leistungsstark und zuverlässig: Selbst bei extremen Wetterbedingungen und Sturm können sie noch fahren. Unverkennbare Stärken dieses Typs sind außerdem große Fahrgeschwindigkeit und hoher Fahrkomfort, große Bodenabstände, lange Seilfelder und ein vergleichsweise geringer Energieverbrauch.

## FACTS

Kabinen bis zu **35** Personen

Fahrgeschwindigkeit bis zu **8,5 m/s** (30,6 km/h)

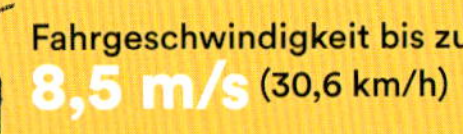

Förderleistung bis zu **5.500 P/h**

Betrieb bei Windgeschwindigkeit bis zu **100 km/h** möglich

3-S-Bahnen sind „state of the art" – ein Meisterwerk der Ingenieurskunst. Sie boomen derzeit, weil sie wie geschaffen für extreme Anforderungen sind. Ihre ausgeklügelte Machart macht sie aber entsprechend teuer.

Alle funktionsrelevanten Bauteile sind doppelt und unabhängig voneinander ausgeführt. Fällt eines aus, springt das andere ein. So ist gewährleistet, dass alle Kabinen im Notfall stets sicher in die nächste Station gefahren werden können.

Die erste Anlage dieses Typs wurde 1991 in Saas Fee (Schweiz) erbaut. Seither wurden mit Dreiseilumlaufbahnen viele Rekorde gebrochen.

# Pendelbahnen

## Aerial Tramway (ATW)

Die Pendelbahn ist die klassische Seilbahn schlechthin und gleichzeitig die Königin der Luftseilbahnen. Es gibt sie in dieser Form schon seit über 100 Jahren! Um genau zu sein: Im Jahre 1908 wurde die erste Pendelschwebebahn für den öffentlichen Personentransport zugelassen. Sie verbindet Bozen (Südtirol) mit dem Hausberg Kohlern und fährt heute noch. Natürlich wurde sie im Laufe der Zeit immer wieder erneuert.

Den Namen hat die Pendelbahn von ihrer Bewegungsart: Zwei Gondeln pendeln zwischen den Stationen hin und her. In der Station bleiben sie stehen, damit die Fahrgäste aussteigen können. Danach fährt sie auf **derselben Fahrbahnseite** zurück. Die Richtung wechselt also bei jeder Fahrt.

Wie bei 2-S-Bahnen und 3-S-Bahnen kommen zwei Seilgruppen zum Einsatz: ein Zugseil sowie ein oder zwei Tragseile. Beide Gondeln werden vom Zugseil bewegt, wobei man von einer oberen und unteren Zugseilschleife spricht. Deren Enden sind mit dem Laufwerk jeder Gondel fest verbunden. Während das Zugseil die bergwärts fahrende Gondel zieht, hält es die talwärts fahrende durch die Hangabtriebskraft in Position. Angetrieben wird das Zugseil von Motoren.

Die Tragseile sind in den Stationen über Seilklemmen fest verankert, wobei sie meist in der Talstation mit einem **Spanngewicht** belastet sind. So wird die erforderliche Grundspannung erzielt,

Katoomba (Australien)

denn es macht einen Unterschied, ob eine leere oder volle Kabine über die Tragseile fährt.

An den Stützen werden die Tragseile über **Seilschuhe** geführt. Sie liegen in einer gefetteten Rille auf und können sich je nach Belastung immer ein wenig auf und ab bewegen. In der Mitte des Seilschuhs – zwischen den beiden Tragseilen – liegt das Zugseil auf den Seilrollen auf.

Entlang der Strecke sind an den Tragseilen **Zwischenaufhängungen** angebracht. Sie halten die beiden Seile im gleichmäßigen Abstand zueinander und dienen als Auflage für das Zugseil, damit es nicht zu sehr durchhängt.

Halong-Bucht (Vietnam)

← Pilatus (Schweiz), ↑ Katoomba (Australien)

Das Fahrzeug besteht aus Kabine, Gehänge und Laufwerk. Es fährt mithilfe der **Laufwerksrollen** über das Tragseil. Je nach Größe der Kabine sind es sechs bis 32 Laufwerksrollen pro Laufwerk. Große Seilbahnen verfügen über zwei Tragseile, die einen halben Meter Abstand zueinander haben. Damit sind sie besonders windstabil.

Am Laufwerk können auch **Fangbremsen** eingebaut sein. Lässt die Zugseilspannung nach, klemmen sie sich durch Öldruck automatisch an den Tragseilen fest und bringen die Fahrzeuge sicher zum Stillstand.

Bei einer technischen Panne, zum Beispiel bei Stromausfall, werden die Fahrzeuge mit einem Notantriebsmotor in die Station zurückgebracht. Ist das nicht möglich, kommt eine unabhängige Bergebahn mit einem eigenen Rettungsfahrzeug zum Einsatz.

Pendelbahnen überwinden Täler, Schluchten, Flüsse, Gletscher und unwegsames Gelände mit Leichtigkeit. Es sind Spannfelder bis zu 3 km möglich. Und sie sind schnell: bis zu 43 km/h. Auch als **urbanes Transportmittel** sind sie nicht mehr wegzudenken.

Pendelbahnen findet man in allen Größen und Varianten – von der kleinen Sechser-Gondel bis zur weltweit größten mit 230 Personen! Die Kabinen können viereckig oder zwölfeckig (früher), rund oder auf den Kopf gestellt sein. Es gibt Cabrio-Seilbahnen und es gibt Kabinen, die sich während der Fahrt um die eigene Achse drehen. So kann man das 360°-Bergpanorama perfekt genießen.

Pendelbahnen haben den Vorteil, dass sie durch ihre Größe gleichzeitig auch Material befördern können. Manchmal werden damit sogar Kühe transportiert.

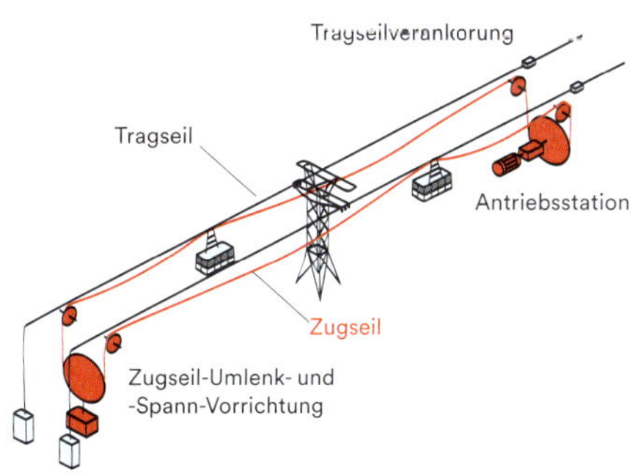


## FACTS

Kabinen bis zu **230** Personen

Fahrgeschwindigkeit bis zu **12 m/s** (43,2 km/h)

Förderleistung bis zu **2.000 P/h**

# Funifor-Seilbahnen

Bezau (Österreich)

Canazei (Italien)

Funifor (FUF)

Eine Funifor-Seilbahn verkehrt ebenfalls im Pendelbetrieb; sie weist jedoch einige wesentliche Unterschiede zu einer klassischen Pendelbahn auf.

Der größte Unterschied besteht darin, dass das Zugseil nicht fix am Laufwerk verankert ist, sondern einen geschlossenen, **gespleißten Seilring** bildet. Am Laufwerk wird es über vier horizontal ausgerichtete Ausgleichsscheiben geführt. Eine mechanische Verankerung zwischen Zugseil und Laufwerk, wie bei der Pendelbahn üblich, ist nicht notwendig.

Die beiden Tragseile haben einen Abstand von 4 m und sind damit breiter als die Kabine selbst. Weil das Gehänge sehr kurz ist, kann das Fahrzeug in Fahrtrichtung frei pendeln, ohne dabei die Tragseile an steilen Stellen zu berühren. Da kann der Wind noch so pfeifen: Durch die breite Seilführung und das kompakte Gehänge sind Funifor-Seilbahnen extrem windstabil. Wie bei der Pendelbahn kommen auch hier **Zwischenaufhängungen** entlang der Strecke zum Einsatz. Sie sind an den Tragseilen befestigt und halten die Zugseilstränge in Position.

Charakteristisch ist auch die **kompakte Bauweise** der Station – bedingt durch das kurze Gehänge sind flachere Gebäude möglich.

## FACTS

Kabinen bis zu **100** Personen

Fahrgeschwindigkeit bis zu **12 m/s** (43,2 km/h)

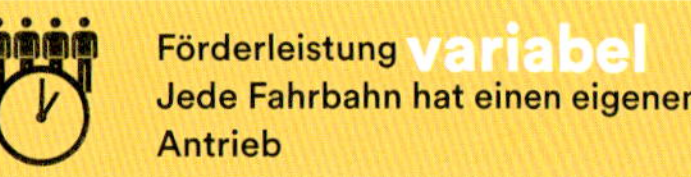

Förderleistung **variabel**
Jede Fahrbahn hat einen eigenen Antrieb

Der zweite Unterschied liegt darin, dass die Zugseilschleife nur für eine Fahrbahn und eine Gondel verwendet wird. Zwei Funifor-Bahnen nebeneinander besitzen also jeweils einen **eigenen Antrieb** und können **unabhängig voneinander fahren**. Damit entfällt auch eine separate Bergebahn, denn im Notfall dient jeweils das andere, intakte Fahrzeug als Rettungssystem. Ebenso kann bei wenigen Fahrgästen nur eine statt beiden Gondeln fahren.

Die Erfindung dieses Seilbahntyps geht auf den Südtiroler Hersteller Hölzl zurück, der im Jahr 1999 am Stilfser Joch erstmals eine Anlage dieser Art errichtete. Hölzl gehört inzwischen zur Doppelmayr-Gruppe. Den Großteil der Funifor-Seilbahnen findet man in Italien; in Österreich erklimmen sie in Bezau (Bregenzerwald/Vorarlberg) und im Kaunertal (Tirol) die Berge. In naher Zukunft werden mehrere Funifors auf das Schilthorn (Schweiz) führen. Berühmt wurde das Schilthorn durch den James-Bond-Film „Im Geheimdienst Ihrer Majestät“. Heute kann man ein zu Ehren des Geheimagenten 007 errichtetes Museum auf dem Gipfel besuchen.

Umlenkscheiben
Ausgleichsscheiben am Fahrzeug
Elektromotor Hauptantrieb
Getriebe

SPECIAL

**ZUGSEIL-FÜHRUNG**

Das Zugseil besteht aus einem doppelt gelegten Seilring; es wird über Ausgleichsscheiben am Laufwerk auf derselben Fahrbahn wieder in die Station zurückgeführt. Jedes Fahrzeug hat also sein eigenes Zugseil und fährt unabhängig vom anderen.

Pejo (Italien)

# Standseilbahnen

**Funicular (FUL)**

## SEILBAHN AUF SCHIENEN

Eine Standseilbahn fährt auf **Schienen** am Boden und wird vom Zugseil gezogen. Zwei Fahrzeuge verkehren dabei im Pendelbetrieb zwischen den Stationen. Die Fahrbahn kann zweigleisig oder eingleisig sein, wobei hier eine Ausweichstelle in der Streckenmitte vorhanden ist, damit die Züge aneinander vorbeifahren können. Der Antrieb erfolgt meist in der Bergstation.

Die Strecke kann im Unterschied zu Schwebebahnen auch Kurven haben und über Brücken, Viadukte und durch Tunnel führen. Auf kurzer Strecke können enorme Höhenunterschiede bewältigt werden. Die feste Fahrbahn macht die „Funicular" zu einem witterungsunabhängigen Verkehrsmittel.

Ein Zug kann bis zu 450 Personen fassen. Die Wagen sind auf gefederten **Drehgestellen** oder **Fahrwerken** gelagert, die auf den Schienen gleiten. Die eingebauten **Fangbremsen** am Fahrwerk bringen die Fahrzeuge sicher zum

**FACTS**

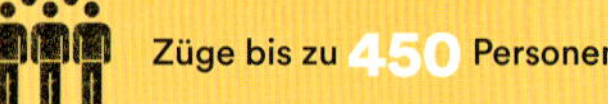

Züge bis zu **450** Personen

Fahrgeschwindigkeit bis zu **14 m/s** (50,4 km/h)

Förderleistung bis zu **8.000 P/h**

Innertkirchen (Schweiz)

Stillstand, sollte die Zugseilspannung nachlassen. Sie klemmen sich im Notfall an den Schienen fest. Über separate Vorstellwagen kann auch gleichzeitig Material transportiert werden.

**Seilrollen** entlang der Strecke sorgen für die einwandfreie Führung des Zugseils.

Eine Standseilbahn kann sehr schnell fahren – bis zu 50 km/h. Sie kann vollautomatisch, also ohne Wagenbegleiter, verkehren.

Die Kabinen können einen **Niveauausgleich** besitzen: Der Wagen passt sich automatisch dem Steigungswinkel an. Während der ganzen Fahrt bleibt der Fahrzeugboden so waagrecht. Eine bequeme Sache für Fahrgäste mit Rollstuhl, Kinderwagen oder Fahrrad!

Auch Zwischenstationen sind möglich, damit Fahrgäste unterwegs zu- oder aussteigen können.

Standseilbahnen gibt es nicht nur am Berg oder auf dem Land, weltweit sind viele historische Züge in Städten im Einsatz – in San Francisco (USA) oder in Neapel (Italien) zum Beispiel. Die ersten wurden bereits Ende des 19. Jahrhunderts – vor über 125 Jahren! – gebaut. Und es gibt auch total abgefahrene Standseilbahnen, etwa in Vergnügungsparks oder sogar in einem Fußballstadion!

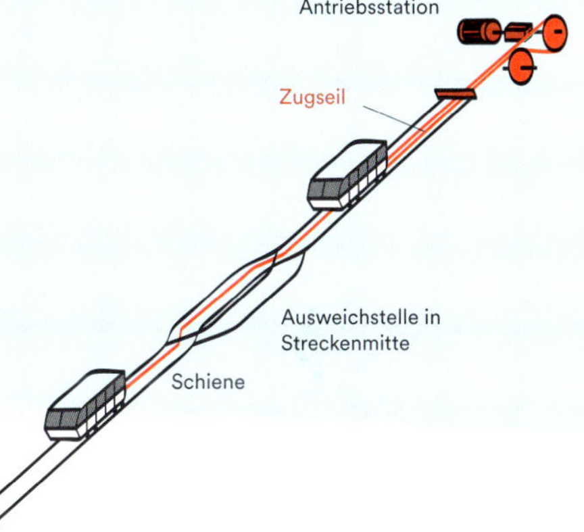

Badaling (China)

# Cable Liner Shuttles

(CLS)

Caracas (Venezuela)

Cable Liner Shuttles sind der Standseilbahn sehr ähnlich. Sie verkehren im Pendelbetrieb mit zwei Zügen und werden vom Zugseil bewegt. Cable Liner Shuttles werden im **urbanen Bereich** eingesetzt, die Streckenlängen sind meist kurz. Sie dienen als Zubringer an Flughäfen, Messe- und Kongresszentren, Sportstadien und Erlebnisparks.

Ein Zug besteht aus mehreren Waggons und fährt auf Schienen. Er ist bis zu 50 km/h schnell. Cable Liner Shuttles stoßen nicht nur keine Abgase aus, sondern sind, da sich der Motor in der Station befindet, auch geräuscharm.

In Las Vegas (USA) verbindet der „MGM CityCenter Shuttle" die Hotelcasinos „Monte Carlo" und „Bellagio", wobei er einen Zwischenhalt beim luxuriösen Hotelkomplex „CityCenter" einlegt.

Der „Oakland Airport Connector" bringt die Fluggäste vom Flughafen in das Stadtzentrum von Oakland (USA).

Cable Liner Shuttles sind auch in Südamerika im Einsatz: in Mexico City (Mexiko) und in Caracas (Venezuela).

Der „Hamad International Airport Shuttle" fährt rund um die Uhr an sieben Tagen die Woche. Er befindet sich am neuen internationalen Flughafen in Doha (Katar) am Persischen Golf.

In Venedig (Italien) verbindet ein Cable Liner Shuttle die „Isola del Tronchetto" mit dem „Piazzale Roma". An einer Zwischenstation können Passagiere der dort anlegenden Kreuzfahrtschiffe zusteigen.

**FACTS**

- Züge bis zu **200** Personen
- Fahrgeschwindigkeit bis zu **14 m/s** (50,4 km/h)
- Förderleistung bis zu **6.000 P/h**

Venedig (Italien)

# MaterialSeilbahnen

## Material Ropeway (MRW)

Eine Materialseilbahn dient dem Transport von Gütern. Es können ganz unterschiedliche Materialien wie Erze, Baustoffe, Tunnelaushube, Paletten und sogar Autos oder Pistenraupen befördert werden. Meist handelt es sich um eine Zweiseilbahn mit einem Trag- und einem Zugseil.

In unwegsamem Gelände können Materialseilbahnen ihre Vorzüge besonders gut ausspielen. Sie überwinden mühelos Gebäude, Schluchten und Täler, Flüsse und Seen, Straßen oder Wälder. Besonders beliebt sind sie dort, wo Lkws unwirtschaftlich wären: Bei einer Förderleistung von bis zu 500 t pro Stunde übertreffen Materialseilbahnen herkömmliche Transportmittel um Längen.

In den Alpen sind viele kleine Bahnen in Betrieb, mit denen Heu oder Milchkannen zu Tal geschafft werden. Daneben gibt es noch andere Formen – etwa Lawinensprengseilbahnen, mit denen Sprengladungen im Gelände ausgebracht und Lawinen künstlich ausgelöst werden.

**FACTS**

- Züge bis zu **500 t/h**
- Einzellast für Luftseilbahnen bis zu **50 t**
- Einzellast für Standseilbahnen bis zu **500 t**
- Maximale Förderlänge in einer Sektion bis zu **10 km**

Simberi (Papua-Neuguinea)

DIE SEILBAHNTECHNIK

# MECHANIK UND ELEKTRIK

Scheinbar mühelos schweben Seilbahnen durch die Lüfte. Dabei ist es ein Riesengewicht, das den Berg hinauf bewegt werden muss. Eine große Kabine kann locker mehrere Tonnen wiegen. Doch welche Technik verbirgt sich dahinter?

So verschieden die Seilbahnsysteme sein mögen, sie fußen alle auf ein und demselben technischen Grundprinzip: Die Fahrzeuge sind an einem Drahtseil befestigt. Ein Elektromotor treibt dieses in der Station über die Antriebsseilscheibe an. In der Gegenstation wird das Seil um eine Umlenkseilscheibe wieder zurückgeführt. Die Steuerung der Bahn erfolgt vom Bedienpult im Kommandoraum der Station aus.

Antriebsstation einer Pendelbahn mit Seilscheiben

## Stationen

Die Stationen sind Start- und Zielpunkt einer Seilbahn. Hier erfolgt der geordnete und überwachte Zustieg der Fahrgäste. Die eine Station nennt man **Antriebsstation** – hier ist der Antrieb für die ganze Anlage untergebracht –, die andere heißt **Gegenstation** (oder Umlenkstation). Stationen können offen oder überdacht, kompakt oder riesig ausfallen. In den Gebäuden ist die technische Ausrüstung untergebracht.

Gelegentlich ist entlang der Strecke eine Mittelstation vorhanden, in der man aus- und zusteigen kann.

## Antrieb

Ein oder mehrere Elektromotoren treiben die **Antriebsseilscheibe** an, um die das Seil geführt ist. Sie können auf der Seilscheibe aufgesetzt (Brückenantrieb) oder unterirdisch untergebracht sein (Unterflurantrieb). Die Motoren sind sehr stark – bis zu 2.000 kW und mehr –, um das große Gewicht bewegen zu können.

Fällt der Strom und damit der Hauptmotor aus, kann der **Notantrieb** an der Antriebsseilscheibe eingekuppelt werden. Dieser wird meist über einen Dieselmotor betrieben. So können die Fahrgäste auch ohne Stromversorgung sicher in die Station zurückgebracht werden.

Zwischen Elektromotor und Antriebsseilscheibe ist das Getriebe mit mehreren Übersetzungsstufen eingebaut. Dieses hat die Aufgabe, die Drehzahl des schnell drehenden Motors zu verringern und die Antriebsleistung an die Seilscheibe zu übertragen.

## Bremsen

Im Normalbetrieb wird die Geschwindigkeit der Seilbahn durch die Drehzahl des Antriebsmotors geregelt: Nimmt die Motordrehzahl ab, verlangsamt auch die Anlage – bis hin zum Stillstand.

Zusätzlich stehen für einen Nothalt zwei weitere, voneinander unabhängige Bremssysteme zur Verfügung. Sie kommen zum Einsatz, wenn die Anlage schnell abgebremst werden muss.

Die **Betriebsbremse** und die **Sicherheitsbremse** sind zangenartig ausgeführt. Deren Anpresskraft wird durch Federn erzeugt. Die Bremsen werden in den meisten Fällen über Öldruck offen gehalten; sie schließen sich sofort, wenn das Bedienpersonal die entsprechende Taste drückt. Dabei drückt die Bremszange mit ihren Bremsbacken auf die Bremsfläche – ähnlich wie beim Fahrrad.

Die Sicherheitsbremse ist mit einigen Sicherheitseinrichtungen gekoppelt: Tritt ein Notfall ein, schließt sie sich selbstständig.

## Klemmen

Klemmen dienen als Verbindung des Fahrzeugs mit dem Seil. Es gibt zwei Arten von Klemmen: Die Fahrzeuge sind entweder dauerhaft (fixe Klemme) oder betrieblich lösbar (kuppelbare Klemme) am Seil befestigt.

### DIE FIXE KLEMME

setzt sich im Wesentlichen aus Hauptteil, Federspeicher sowie Druckstück zusammen. Das Tellerfederpaket im Federspeicher sorgt dafür, dass das Förderseil mit einer **konstanten Anpresskraft** zwischen den Klemmstücken gehalten wird – auch bei Umlauf um die Seilscheibe und bei Verringerung des Seildurchmessers. Denn die Seildicke nimmt im Lauf der Zeit ab – man nennt dies Seilverjüngung.

An beiden Enden des Klemmenkörpers sind keilförmige Auflaufzungen aus Kunststoff angebracht. Sie dienen dazu, dass die Klemme sanft unter den Niederhalte-Rollenbatterien an der Stütze durchfahren kann.

Die Klemmen werden regelmäßig entlang des Seils versetzt, damit dieses an der Klemmstelle keinen Schaden nimmt. Auch die notwendige Klemmkraft wird mittels Werkzeugs überprüft.

### DIE KUPPELBARE KLEMME

wird bei jedem Durchgang in der Station geöffnet und geschlossen. Sie besteht hauptsächlich aus Klemmenhauptteil, Klemmhebel, Druckfedern und verschiedenen Rollen. Am Klemmhebel ist vorne die bewegliche Klemmbacke angebracht. Bei Einfahrt in die Station drückt die Kuppelschiene die Kuppelrolle mitsamt dem Klemmhebel nach unten. Dabei öffnen sich die Klemmbacken, und das Seil ist frei.

An der Oberseite der Klemme ist ein Reibbelag aus Kunststoff. Auf diesen drücken die Luftreifen des Reifenförderers und schieben so die Klemme samt Fahrzeug durch die Station. Stützrolle und Laufrolle stabilisieren hierbei die Klemme.

Bei Stationsausfahrt kehrt der Klemmhebel, sobald sich das Seil wieder zwischen den Klemmbacken befindet, in die ursprüngliche Position zurück.

### DIE FIXE KLEMME

Hauptteil
Tellerfederpaket
Klemmstück
Federspeicher
Förderseil
Druckbolzen

### DIE KUPPELBARE KLEMME

Druckfedern
Kuppelrolle
Reibbelag
Klemmenhauptteil
Stützrolle
Klemmhebel mit Klemmbecken
Laufrollen
Klemmenzungen
Förderseil

Seilspleiß

## Seile

Diesem Bauteil verdankt die Seilbahn ihren Namen. Die Stahlseile sind je nach Einsatzgebiet unterschiedlich in ihrer Machart.

Seile bestehen aus vielen Drähten und haben eine sehr **hohe Zugfestigkeit**. Auch wenn einzelne Drähte brechen sollten, hält das Seil trotzdem, weil die anderen Litzen bzw. Drähte die Last aufnehmen. Im Unterschied zur Kette: Bricht bei einer Kette ein einziges Glied, fällt die ganze Last.

Seile werden in eigenen Fabriken mittels riesiger Verseilmaschinen hergestellt. Diesen Vorgang, das Verdrehen der Litzen, nennt man Schlagen. Auf einer Trommel aufgewickelt, werden die Seile zur Montage vor Ort gebracht.

Bei einer Einseilumlaufbahn trägt und zieht ein einziges Seil die Fahrzeuge, das **Förderseil**. Kommen zwei und mehr Seile vor, sind das ein laufendes **Zugseil**, das die Fahrzeuge zieht, sowie die **Tragseile**. Diese sind an ihren Enden in der Station fest verankert. Wie auf Schienen fährt darauf das Laufwerk des Fahrzeugs.

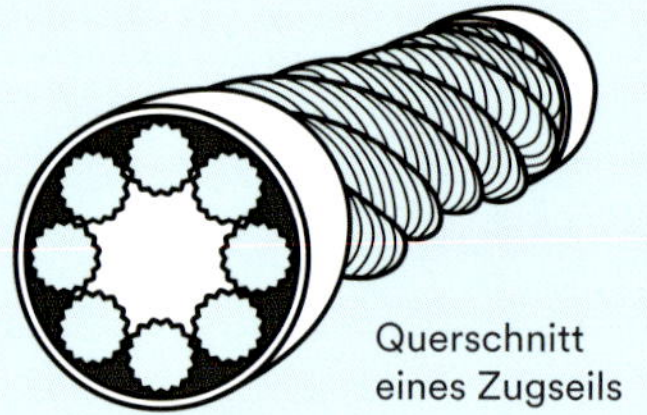
Querschnitt eines Zugseils

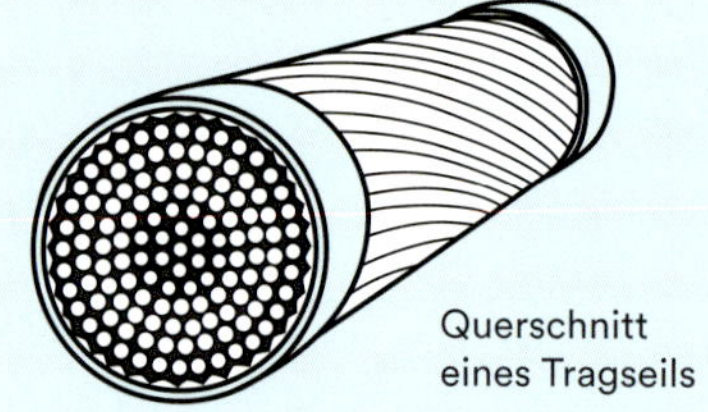
Querschnitt eines Tragseils

### FÖRDERSEIL UND ZUGSEIL

Das Stahlseil ist ein Litzenseil. Eine **Litze** besteht aus dünnen Einzeldrähten, die schraubenlinienförmig um den Litzenkern geschlungen sind. Mehrere dieser Litzen sind wiederum um die Seileinlage – auch Seele genannt – gewunden. Die Verwindungsrichtung der Litzen nennt man **Schlagrichtung**.

Litzenseile sind durch Einlagen aus **Kunststofffaser** relativ biegsam; so können sie auch um Seilscheiben oder Seilrollen laufen. Zugseile bilden meist eine geschlossene Seilschleife: Dazu müssen beide Enden mit einem **Spleiß** verbunden werden. Das ist ein sehr langer Knoten.

### TRAGSEIL

Das Tragseil ist ein vollverschlossenes **Spiralseil** mit dicken Einzeldrähten, die direkt verseilt sind. Die äußere Lage bilden Formdrähte in Z-Form: Sie greifen so ineinander, dass das Seil eine **glatte Oberfläche** aufweist und damit vor Feuchtigkeit und Schmutz geschützt ist. Laufwerksrollen fahren ohne spürbare Vibrationen über diesen Seiltyp. Bricht ein Außendraht, steht dieser nicht hervor.

Ein Spiralseil nimmt hohe Kräfte auf, ist jedoch nur wenig biegsam. Tragseile können einen Durchmesser von bis zu 90 mm haben. So ein dickes Tragseil hat ein Gewicht von 50 kg – pro Meter! Bei einer Länge von 3 km sind das 150 t.

Tragseile können eine lange Lebensdauer haben: So fährt die denkmalgeschützte Predigtstuhlbahn in Bad Reichenhall (Deutschland) noch mit den originalen Tragseilen von 1928. Zug- bzw. Förderseile, die sich ständig bewegen, erreichen diesen hohen Lebenszyklus nicht annähernd.

Jackson Hole (USA)

## SEILVERBINDUNGEN

Tragseile sind fest in den Stationen abgespannt und werden dort von Pollern und Tragseilklemmen bzw. Spanngewichten gehalten. Die Restlänge der Tragseile ist mehrmals um eine **Trommel** gewickelt. Tragseile liegen in der Station und an der Stütze auf **Seilschuhen** auf. Dieser Auflagepunkt ist eine Belastung für das Seil, daher muss die Position der Tragseile von Zeit zu Zeit verändert werden.

Zug- und Förderseile bilden bei Umlaufbahnen einen gespleißten Seilring. Bei Pendelbahnen ist das Zugseil meist über einen Vergusskegel oder eine Trommel mit dem Fahrzeug fest verbunden.

## SEILSPANNUNG

Seile müssen unter Zug gehalten werden. Das geschieht automatisch – entweder mit einem **Spanngewicht** oder mit einer **hydraulischen Spannvorrichtung**, mit der die Seilscheibe samt Träger auf einem Spannschlitten in Längsrichtung verschoben wird. Die Spannvorrichtung misst und regelt die Seilspannung während des ganzen Betriebs, damit diese möglichst konstant bleibt. Dabei

fahren die Hydraulikzylinder von allein aus oder ein. Das ist notwendig, um Temperaturschwankungen oder das unterschiedliche Gewicht voller bzw. leerer Kabinen auszugleichen. Eine gleichbleibende Grundspannung ist wichtig, damit die Seile nicht zu sehr durchhängen oder zu sehr gespannt werden.

## SEILSCHEIBEN

Um die Seilscheibe wird das Förder- bzw. Zugseil geführt. Die **Antriebsseilscheibe** wird vom Motor angetrieben, in der Gegenstation wird das Seil um die **Umlenkseilscheibe** geführt.

Seilscheiben können einen Durchmesser zwischen 2 und 7 m haben; sie drehen sich in der Regel zwischen 10 und 80 Mal pro Minute. Kleinere drehen schneller als

größere. In der Seilrille liegt das Seil auf; die Futterung besteht üblicherweise aus Gummi.

Die Lager der Seilscheiben müssen regelmäßig geschmiert werden. Sicherheitseinrichtungen überwachen, ob die Seilscheibe blockiert, ob ein Lager defekt ist oder sich das Seil nicht korrekt in der Mitte befindet.

# Stationsausrüstung

**FÖRDEREINRICHTUNGEN**

Sobald die Fahrzeuge vom Seil getrennt sind, werden sie über **Umlaufförderer** in der Station mit geringer Geschwindigkeit transportiert. In der Regel sind das Reifenförderer, die die Klemme und damit das Fahrzeug weiterschieben. Im Verzögerungs- und Beschleunigungsbereich drehen die Reifen unterschiedlich schnell: So wird das einfahrende Fahrzeug abgebremst und das ausfahrende beschleunigt, bis es wieder ans Seil gekuppelt ist.

**SICHERHEITSEINRICHTUNGEN**

In der Antriebs- und in der Gegenstation überwachen unterschiedliche Sicherheitseinrichtungen, ob die Technik einwandfrei funktioniert. Entdeckt das System eine Abweichung, stoppt die Seilbahn automatisch. Am Bedienpult erscheint eine Fehlermeldung.

So wird die Kuppelklemme **mechanisch und elektrisch überwacht**: Ist sie beschädigt oder hat sie nicht genügend Klemmkraft am Seil, weil zum Beispiel die Federn gebrochen sind, erkennen Sensoren und sogenannte Durchfahrtblenden den Fehler und bringen die Bahn sofort zum Stehen.

Bei einer Kabinenbahn wird geprüft, ob sich die Türen vor der Ausfahrt geschlossen haben; ansonsten bleibt die Anlage stehen. Auch die Fahrzeuge werden im Umlauf der Station überwacht: Bleibt eines hängen, stoppt das System, damit es zu keinem Aufprall kommt.

**SPECIAL**

Bei vielen Sesselliften ist im Einstiegsbereich ein **Fahrgastförderband** vorhanden. Damit ist auch der Skifahrer in Bewegung, wenn der Sessel eintrifft, und das Aufsitzen erfolgt nicht so abrupt.

## Steuerung

Über die Seilbahnsteuerung wird die Anlage in Bewegung gesetzt und der sichere Ablauf überwacht. Sie befindet sich im **Kommandoraum** in der Antriebsstation. Von hier aus steuert das Servicepersonal Antrieb und Bremsen; am Bildschirm können dabei alle wichtigen Daten und Informationen verfolgt werden. Am Pult sind die notwendigen Bedienelemente übersichtlich angeordnet. Bei neuen Anlagen kommen auch Touchscreens zum Einsatz. Dabei hat der Bediener immer den Fahrgastbereich und die Strecke im Blick.

Die Seilbahnsteuerung erfolgt über Software auf Basis der **speicherprogrammierbaren Steuerung (SPS)**. Damit werden die Maschinen und Geräte digital angesteuert bzw. geregelt.

Die SPS ist so programmiert, dass der Betrieb völlig automatisch abläuft. Bei Pendelbahnen etwa ist die ganze Fahrt vom Anfahren bis zum Abbremsen voreingestellt. Sobald das Personal im Kommandoraum die Taste „Abfahrt“ drückt, fährt die Seilbahn vollautomatisch. Während der Fahrt muss mit dem Fuß der sogenannte **Totmann-Schalter** als Bestätigung gedrückt werden. Damit ist gewährleistet, dass sich der Bediener an seinem Platz befindet. Bei der Eisenbahn muss dies der Lokführer übrigens genauso machen.

Die Bedienung kann natürlich auch auf manuell umgestellt werden; so kann das Personal alle Funktionen händisch ausführen, wenn dies erforderlich ist.

Bedienstellen sind wahlweise auch am Bahnsteig oder direkt im Maschinenraum installiert. Pendel- und Standseilbahnen können auch vom Kabinenbegleiter in der Gondel gesteuert werden.

Im Hintergrund sorgt jede Menge Elektronik für den reibungslosen Betrieb und die Sicherheit: große Schaltschränke, unzählige Kabel, viele Schalter, Relais und Sensoren. Die braucht es neben der Steuerungseinrichtung für die Überwachungs- und Schutzvorrichtungen, den Blitzschutz sowie die Kommunikation zwischen den Stationen.

# Strecke

**STÜTZEN**

Damit das Seil nicht zu sehr durchhängt und die Fahrzeuge den Boden berühren, läuft das Seil in bestimmten Abständen über Stützen. Sie tragen das Seil oder drücken es nach unten; und sie halten es in der Spur. Einige Pendelbahnen kommen auch komplett ohne Stütze aus.

Seilbahnstützen können in ihrer Bauart sehr unterschiedlich sein, sowohl die Form als auch das verwendete Material betreffend. In ihrer Anfangszeit errichtete man auch Holzpfeiler. Heute bestehen Stützen aus Beton oder Stahl. Für Umlaufbahnen werden meist geschlossene Rundrohr- oder Mehrkant-Rohrstützen verwendet, die innen hohl sind.

London (Großbritannien)

### TRAGSTÜTZE

Die Tragstütze ist die am häufigsten vorkommende Stütze. An der Tragstütze liegt das Seil auf den Seilrollen, über die es geführt wird, auf.

### NIEDERHALTESTÜTZE

An der Niederhaltestütze läuft das Seil unterhalb der Seilrollen, die es nach unten drücken. Das ist notwendig, damit sich das Seil nicht zu weit vom Boden entfernt – zum Beispiel nach Ausfahrt an der Talstation oder wenn eine Senke überquert wird.

### WECHSELLASTSTÜTZE

An der Wechsellaststütze wird das Seil gleichzeitig zwischen oben- und untenliegenden Seilrollen geführt. Sie tragen das Seil oder halten es nieder. Diese Bauart ist erforderlich, wenn die Auflagekraft auf den Seilrollen stark variiert. Bei leerer Bahn würde das Seil zu sehr nach oben pendeln. Wenn die Bahn voll besetzt ist, liegt das Seil auf den unteren Trag-Seilrollen auf.

Bei großen Dreiseil- und Pendelbahnen kommen **Fachwerkstützen** mit vielen Verstrebungen und Schrauben zum Einsatz. Stützen können sehr massiv sein – oder auch filigran und optisch reizvoll.

Seilbahnstützen bestehen üblicherweise aus einem **Fundamentsockel**, dem **Stützenschaft** und dem **Stützenkopf** bzw. **Stützenjoch**. Dieses ist für das Wartungspersonal über eine Aufstiegsleiter erreichbar. Bei manchen Großkabinenbahnen ist ein Überstieg auch direkt vom Fahrzeug aus möglich. Denn die Bauteile müssen regelmäßig inspiziert werden. Deshalb sind am Stützenkopf Arbeitspodeste vorhanden, auf denen die Arbeiter stehen können.

Wie hoch eine Stütze ist, hängt vom Geländeprofil und den Anforderungen des jeweiligen Seilbahnsystems ab. Ein Mindestbodenabstand muss immer gegeben sein, denn die Fahrzeuge dürfen dem Untergrund keinesfalls zu nahe kommen. Stützen von Bahnen mit offenen Fahrzeugen (z. B. Sessel) dürfen eine bestimmte Höhe nicht überragen. Das wäre bei einem Sessellift auch viel zu gefährlich.

Seilbahnstützen sind hohen dynamischen Belastungen ausgesetzt: Zum einen drückt ein sehr hohes Gewicht – Seile plus Fahrzeuge – auf den Träger, zum anderen spielen auch Windlasten eine sehr große Rolle. Bisweilen sind Stützen nicht senkrecht, sondern etwas Richtung Tal geneigt: Damit werden die auftretenden Kräfte besser zum Boden übertragen.

Eine tragende Rolle spielt der Untergrund: Wo die Stütze ihr Fundament erhält, müssen zuvor geologische Untersuchungen durchgeführt werden. Instabiles Felsgelände wäre als Standort ungeeignet; dann kann es vorkommen, dass an anderer Stelle eine wesentlich höhere Stütze errichtet werden muss.

Eine Herausforderung an die Technik stellen hochalpine Bergregionen dar. Auf Gletschern lassen sich die Stützen neu justieren, wenn der eisige Untergrund in Bewegung ist.

# Strecken-komponenten

## SEILROLLEN UND ROLLEN-BATTERIE

Das laufende Förderseil wird am Stützenkopf über **Seilrollen** geführt und in der Spur gehalten. Die Auflagefläche der Seilrolle besteht aus einem Gummi- oder Kunststoffring. Seitlich verhindern erhöhte Bordscheiben, dass das Seil aus der Führung springt.

Paarweise sind die Seilrollen in beweglichen Wippen gelagert, die dafür sorgen, dass die Last auf jede Seilrolle gleichmäßig verteilt ist.

Mehrere Seilrollen bzw. Wippen zusammen bilden die **Rollenbatterie**. Entsprechend ihrer Funktion werden sie Trag-, Niederhalte- oder Wechsellast-Rollenbatterie genannt. Eine zentrale Bedeutung kommt der richtigen Ausrichtung zu: Das Seil muss genau in Achse, also in der Mitte der Seilrolle verlaufen.

An der Außenseite der Rollenbatterie ist ein **Seilfangschuh** angebracht. Er hat die Aufgabe, das Seil bei einer Entgleisung aufzufangen. An der Innenseite verhindert der **Seileinweiser**, dass das Seil nach innen überspringen kann.

## SEILSCHUH

Bei Seilbahnen mit Zug- und Tragseilen werden diese an der Stütze über den Seilschuh geführt. Die Tragseile liegen auf jeder Seite in einem Profil aus Messing oder Nylon auf, während das Zugseil dazwischen über Seilrollen läuft. Die rillenförmige Nut des Profils ist gefettet, denn auch die Tragseile können durch die unterschiedliche Last der Fahrzeuge – wenn auch nur um Zentimeter – hin und her gleiten. Länge und Bogenradius des Seilschuhs sind so bemessen, dass der Ablenkwinkel nicht zu groß ausfällt und die Seile allzu sehr gebogen werden. Auch die Überfahrt der Fahrzeuge wäre bei zu hohem Krümmungsradius ziemlich abrupt.

## ZWISCHENAUFHÄNGUNG (SEILREITER)

Bei Seilbahnen mit Doppeltragseil findet man entlang der Strecke in definierten Abständen V-förmige Zwischenaufhängungen. Sie sind an den beiden Tragseilen mit Klemmen befestigt und halten diese auf Spur. Dazwischen ist eine Seilrolle montiert, über die das Zugseil geführt wird, damit es nicht zu sehr durchhängt. Die Zwischenaufhängung muss regelmäßig um Zentimeter versetzt werden, damit das Tragseil an der Klemmstelle nicht zu sehr belastet wird.

## FESTPUNKTÜBERWACHUNG/ KOPIERWERK

In einem gewissen Abstand vor jeder Station ist die Festpunktüberwachung verbaut – entweder an einer Stütze oder einer Zwischenaufhängung. Sie erkennt über Magnete das Vorbeifahren des Laufwerks einer Kabine und übermittelt deren genaue Position an den Kommandoraum. Das System im Hintergrund vergleicht, ob die Werte am Monitor mit der realen Position des Fahrzeugs übereinstimmen. Schließlich muss es punktgenau in der Station stehen bleiben.

## SICHERHEIT

Zu den wesentlichen Sicherheitskomponenten einer Seilbahn gehört die Überwachung der korrekten Seillage. Sie besteht aus einem geschlossenen Stromkreis, der über alle Stützen geführt wird. Wird er unterbrochen, stoppt die Seilbahn automatisch.

An ausgesetzten Stützen sind **Windmessgeräte** (Anemometer) angebracht. Sie geben ein Warnsignal ab, falls der Wind eine bestimmte Geschwindigkeit überschreitet.

Ein **Bruchstabschalter** ist so an der Rollenbatterie angebracht, dass das Seil bei Entgleisung den Bruchstab abschlägt und dadurch den Stromkreis unterbricht.

Zur Überwachung der Seilposition dient das digitale System NEXO. Es besteht aus einem **berührungslosen Seillagedetektor**.

Mithilfe des **Seilabhebebocks** kann das Seil an der Stütze zu Inspektions- und Wartungsarbeiten angehoben werden.

# Fahrzeuge

**DESIGN TRIFFT TECHNIK**
Seilbahnen faszinieren – ganz besonders die vielen spektakulären Fahrzeuge, die es heute gibt. Ob drehende Kabine, Bodenverglasung, Info-Entertainment, LED oder Ledersitz: Bei den Sesseln und Gondeln neuester Generation haben Luxus, Komfort und anspruchsvolle Ästhetik Einzug gehalten. Und so wird es oft zum intensiven und einprägsamen Erlebnis, per Hightech Richtung Berggipfel zu schweben.

**SESSEL**
Sesselfahrzeuge können bis zu acht Personen befördern. Das Fahrzeugunterteil ist über gefederte Aufhängepunkte und die Gehängestange mit der Klemme verbunden. Diese ist fest oder lösbar am Seil fixiert.

Bei Ausfahrt schließt der Fahrgast den Schließbügel samt Fußraster, auf dem er die Beine bzw. Skier abstützen kann. Bei Sesseln mit Wetterschutzhaube kann auch diese geschlossen werden. Sie besteht aus Plexiglas und schützt vor Wind, Kälte und Niederschlag. Moderne Sesselbahnen bieten auch eine Sitzheizung, die in der Station über Stromschienen aktiviert wird.

Manche Bahnen besitzen eine automatische Schließbügelschließung mit Verriegelungssystem. Der Bügel bleibt während der ganzen Fahrt geschlossen und öffnet sich erst bei Einfahrt in die andere Station wieder.

Neuerdings kommt auch ein Sicherungssystem zum Einsatz, das eigens für die Beförderung von Kindern entwickelt wurde: Das Verbindungsrohr zur Fußauflage befindet sich hier zwischen den Oberschenkeln der Person. So kann das Kind während der Fahrt nicht aus dem Sitz rutschen.

## KABINEN

Kabinen bestehen aus einem Aluminium-Rahmen mit großen Fensterflächen, die den Blick auf das umliegende Panorama freigeben. An der Außenseite der Türen sind Halterungen für Wintersportgeräte wie Skier und Snowboards angebracht.

Die Verbindung zum Seil erfolgt über **Aufhängerahmen**, **Gehängestange** und **Kuppelklemme**.

In Kabinen von Mehrseilumlaufbahnen finden bis zu 35 Personen Platz. Bei Einseilumlaufbahnen sind es meist acht oder zehn Fahrgäste.

Das Gehänge einer 3-S-Kabine ist über einen Bolzen mit dem Laufwerk verbunden. Mit den Laufwerksrollen fährt das Fahrzeug auf den Tragseilen. In der Mitte des Laufwerks sind zwei Kuppelklemmen an das Zugseil geklemmt.

**SPECIAL**

Mit manchen Kabinenbahnen kann man wahrhaft extravagante Dinge erleben: Sie können Autos transportieren, haben beheizbare Sitze, Infotainment, Klimaanlage, dimmbare LED-Technologie, Bar oder Sauna an Bord. Man kann über Zootiere hinwegschweben – oder durch einen Glasboden 400 m in die Tiefe blicken … Nervenkitzel garantiert! Sogenannte Sonderfahrzeuge dienen dem Transport von Lasten oder werden für die Wartung entlang der Strecke eingesetzt.

EINE SEILBAHN ENTSTEHT

# VON DER PLANUNG BIS ZUR ERSTEN FAHRT

Was ist beim Bau einer Seilbahn zu beachten? Wie dick muss das Seil sein? Wie kommt es auf den Berg? Und wie lange braucht es eigentlich, bis eine Seilbahn gebaut ist?

Hinter der Planung und Montage dieses besonderen Transportsystems steckt enorm viel Arbeit – und jede Menge Know-how von erfahrenen Ingenieuren und Monteuren.

## Auftragsakquise

Zu Beginn treffen sich Kunde und Seilbahnbauer. Meist liegt eine konkrete Absicht für den Bau vor. Daneben gibt es auch Anfragen für Machbarkeitsstudien, bei denen der Aufwand und die **Kosten** ausgelotet werden.

Der Kunde trägt seine Vorstellungen und Wünsche vor. Der Hersteller berät, welcher **Seilbahntyp** den Anforderungen am besten entspricht und wie die Technik dimensioniert sein muss, um die angestrebte **Förderleistung** zu erreichen: Ist eine Kabinenbahn sinnvoller oder eine Sesselbahn? Genügt ein Vierer-Sessel, oder müssen es mehr Sitzplätze sein? Wie viele Fahrzeuge braucht es insgesamt?

Grundlegend ist auch die geplante **Strecke**: Eignet sie sich für die Linienführung? Werden private Grundstücke oder Häuser überquert? Gibt es geeignete Standorte für die Stützen?

Für die Kosten- und Angebotserstellung sind also Linienführung, Länge, Größe und Typ der Bahn sowie die Förderleistung ausschlaggebend.

In der Zwischenzeit holt der Kunde alle notwendigen behördlichen Genehmigungen ein. Sind alle Einzelheiten geklärt, kommt es zum Vertragsabschluss.

## Seilbahnberechnung

Der Startschuss für das Vorhaben fällt … Die Ingenieure beginnen mit der Seilbahnberechnung. Dazu gehören neben der Linienführung und Stützenverteilung die Bemessung des Seils und die Auslegung des Antriebs.

Vermessungstechniker erfassen das Gelände und Geologen untersuchen den Boden. Dabei werden auch Drohnen eingesetzt. Struktur und Beschaffenheit des Untergrunds sind ausschlaggebend dafür, wo die Stützen aufgestellt werden. Es kann vorkommen, dass ein Standort wegen des instabilen Bodens ungeeignet ist und eine höhere Stütze an einer anderen Stelle errichtet werden muss.

Die Vermessung und das geologische Gutachten bilden die Basis für die Linienführung. Hierbei erstellt der Ingenieur ein **Längenprofil** und definiert, wie viele Stützen benötigt werden und wo sie stehen, wie groß die Spannfelder sind und welche Lasten entlang der Strecke auf die Bauteile wirken. Auch der Seildurchhang spielt eine entscheidende Rolle, denn die Fahrzeuge dürfen nicht zu nahe am Boden sein.

Die Länge und der Höhenunterschied der Bahn, die Anzahl und das Gewicht der Fahrzeuge sowie die Gesamtanzahl der beförderten Personen bestimmen, wie dick das Seil sein muss. Aufgrund all dieser Werte berechnet der Ingenieur, welche Leistung der Motor aufbringen muss und wie stark die Bremsen sein müssen. Zudem werden die Anzahl der nötigen Seilrollen, die Höhe der Stützen und die Betonfundamente berechnet.

Am Ende der Seilbahnberechnung sind alle Eckdaten definiert, die es für die weiteren Schritte braucht.

## Projektierung

Alle benötigten Komponenten sind festgelegt; es beginnt die Phase der Planung. Konstrukteure und Bauzeichner arbeiten mithilfe einer CAD-Software die **Konstruktionszeichnungen** aus, die es für die Fertigung der Bauteile braucht. Mit dem 3D-Zeichenprogramm kann man jedes Zubehörteil bis hin zur kleinsten Schraube in einer dreidimensionalen Ansicht zusammenstellen. Auch reale Extrembedingungen – etwa das Auspendeln eines Fahrzeugs – können simuliert werden. Während man bei Umlaufbahnen (Schlepplift, Sesselbahn, Kabinenbahn) auf Standardgrößen der wichtigsten Bauteile zurückgreifen kann, ist die Projektierung von Pendelbahnen und Standseilbahnen sehr viel aufwendiger: Es handelt sich quasi immer um eine Sonderanfertigung, denn keine dieser Bahnen ist wie die andere.

Die Planung erfolgt nach strengen Regeln und Gesetzen. Auf der ganzen Welt gibt es Vorgaben, an die sich die Ingenieure halten müssen. Innerhalb der EU gilt die **Seilbahn-Verordnung**, die für alle Hersteller bindend ist. Sie gibt vor, welche Sicherheitsfaktoren für die Bauteile maßgebend sind und wie jegliche Gefahr für die Fahrgäste

ausgeschlossen werden soll, selbst wenn ein Einzelelement ausfällt oder nicht korrekt funktioniert. In der Fachsprache nennt man sie Sicherheitsbauteile, die von Behörden geprüft und freigegeben werden. Jedes dieser Bauteile erhält anschließend die **CE-Kennzeichnung**. Damit wird bestätigt, dass sämtliche Richtlinien und Verordnungen eingehalten wurden.

## Produktion

Liegen alle Zeichnungen und technischen Unterlagen in der endgültigen Fassung vor, beginnt die Fertigung der Bauteile. Plasma- und Laserschneidemaschinen schneiden die Einzelteile aus großen Stahlblechen zu. Diese können bis zu 100 mm dick sein.

Anschließend werden die Stahlteile mithilfe von hochmodernen CNC-Maschinen – programmierbaren Werkzeugmaschinen – weiterverarbeitet: Die Oberflächen werden mit Sandstrahlern feingeschliffen, Löcher werden gefräst, Teile gebogen oder zusammengeschweißt – manuell oder per Schweißroboter. Im nächsten Schritt werden die Bauteile verzinkt. Das dient dazu, den Stahl gegen Rost zu schützen. Einzelne Komponenten werden lackiert.

Währenddessen werden Fremdprodukte zugekauft: Motoren, Getriebe, Hydraulikaggregate, Kabinen oder Seile werden extern hergestellt.

Noch in der Werkhalle beginnt der **Zusammenbau** der einzelnen Baugruppen. Dabei werden die Elemente einer Station vormontiert – etwa der Stationsbogen samt Reifenförderern und Sicherheitseinrichtungen. Kabel werden verlegt, und das Zusammenspiel der Baugruppen wird getestet. Schließlich erfolgt in der Halle noch der Zusammenbau der Seilscheiben, der Antriebseinheit (Motor, Getriebe, Kupplung, Bremsen) und der Fahrzeuge (Unterteil, Gehänge, Klemme, Laufwerk). Durch die Vormontage spart man Zeit auf der Baustelle.

## Transport und Logistik

Die Bauteile sind nun fertig zur Auslieferung. Nun gilt es, den Transport optimal zu gestalten. So weit wie möglich erfolgt dieser mit den bereits zusammengesetzten Elementen. Das geschieht mit Lkws oder Schiffscontainern, wenn die Seilbahn in Übersee gebaut wird.

## Montage

Während die Produktion in den Werkhallen anläuft, beginnen auch schon die Vorbereitungen vor Ort. Wo das Gelände schwer zugänglich ist, werden vorübergehend **Materialseilbahnen** errichtet. Lkws, Helikopter oder Materialseilbahnen bringen Baumaschinen, Bagger, Arbeitsgeräte und Kräne zur Baustelle.

Wo notwendig, werden alte Gebäude abgerissen, um Platz für die neuen zu schaffen. Die Aushubarbeiten für die Fundamente der Stationen und Stützen beginnen. Manchmal müssen dazu eigens Wege angelegt werden, damit die Lkws die Stützenteile anliefern können. Nicht überall ist das möglich: Hier fliegen große **Hubschrauber** die Einzelteile heran und platzieren sie mit großer Präzision. Das ist Millimeterarbeit, während die Monteure an der Stütze sie zusammenschrauben.

Sind die Betonarbeiten abgeschlossen, beginnt die eigentliche Montage der Seilbahntechnik. Alle benötigten Bauteile sind mittlerweile an den richtigen Platz gebracht – eine logistische Herausforderung. Monteure setzen die mechanische Ausrüstung der Station zusammen, bauen die Teile ein, schrauben sie fest. Seilscheiben, Seilrollen, Antrieb – der Einbau erfolgt nach einem genauen Plan und anhand der Montagezeichnungen. Neben der kräfteraubenden Arbeit haben die Monteure oft mit Kälte, Wind und Schnee zu kämpfen.

Nun sind die Elektro-Monteure mit der Verkabelung und dem Einbau der **Elektrotechnik** an der Reihe. Auch wenn es auf den ersten Blick nicht so aussieht: Hinter einer Seilbahn stecken jede Menge Elektronik, Schaltkreise und kilometerweise Kabel. Sie braucht es für die Steuerung und Regelung der Geräte, die Überwachungs- und Sicherheitseinrichtungen sowie die Informations- und Kommunikationstechnik. Last but not least: für die Energieversorgung der großen Motoren.

## Seilzug

Sind die Stationen und Stützen fertig montiert, folgt der Seilzug – ein heikler, sehr komplexer und nicht ungefährlicher Kraftakt. Förder- oder Zugseile können je nach Länge und Dicke bis zu 40 t wiegen; die großen Tragseile sogar bis zu 150 t!

Auf Haspeln aufgewickelt erreichen die Seile auf Lkws die Talstation. Zum Ziehen der Seile braucht es Seilwinden.

Da man nicht mit dem sehr schweren und dicken Seil beginnen kann, wird zuerst ein dünnes und leichtes **Hilfsseil** vom Berg zu Tal gezogen – händisch, mit Seilwinden oder auch per Hubschrauber. Dann wird ein dickeres Seil an das dünnere Seil gespleißt oder geknotet und mittels **Seilwinde** in der Bergstation hochgezogen. Auch im Tal ist die Seilhaspel an einer Seilwinde mit Bremse angeschlossen, damit das Seil immer unter Zug bleibt. Dieser Arbeitsschritt wird mit immer größeren Seilen so lange wiederholt, bis das endgültige Seil mit dem richtigen Durchmesser auf den Seilbahnstützen liegt. Die Seile dürfen sich dabei nicht verdrehen oder den Boden berühren, ansonsten würden sie beschädigt.

Bei einem Förderseil dauert der gesamte Seilzug etwa eine Woche, bei großen Pendelbahnen mit Zugseil und Doppeltragseil auch schon mal zwei Monate.

## Seilspleiß

Das Förderseil muss eine Seilschleife bilden: Wie aber finden beide Enden zusammen? Durch den Seilspleiß.

Auch diese Tätigkeit ist eine hochkomplexe Angelegenheit und darf nur von ausgebildeten Fachleuten ausgeführt werden. Mehrere Helfer stehen dem **Spleißer** zur Seite.

Die Seilenden werden mit Seilwinden zusammengezogen und einfachheitshalber zu Boden gelegt. Dann werden die einzelnen Litzen der beiden Seilenden auf einer Länge von 50 bis 100 m wieder entflochten und wechselseitig neu ineinandergesteckt. Ein Seilspleiß dauert bis zu zwei Tage. Anschließend wird das Seil wieder auf die Stütze gelegt.

## Tragseil-verankerung

Tragseile müssen nach dem Seilzug endgültig in den Stationen verankert werden. Dort werden die Enden mehrmals um eingemauerte **Betonpoller** gewickelt und anschließend mit Seilklemmen fixiert. In der Bergstation ist zusätzlich eine Reservelänge des Seils vorhanden: Tragseile müssen nämlich alle paar Jahre um

ein paar Meter versetzt werden, damit die Auflageflächen auf den Seilschuhen das Seil nicht beschädigen.

Sobald alle Tragseile die korrekte Spannung und Befestigung aufweisen, werden die Seilwinden, die während der Montage notwendig waren, abgebaut.

## Feineinstellung

Nach Seilzug und Seilspleiß werden die **Hydraulikaggregate** für die Bremsen und den Notantrieb angeschlossen. Es folgt die Montage der letzten Stationselemente. Sind diese Arbeiten abgeschlossen, steht die Premiere an: Die Seilbahn fährt zum ersten Mal – vorab hydraulisch mit dem Notantrieb über den Dieselmotor.

Nun werden alle Fahrzeuge an das Förderseil geklemmt und die Feineinstellung der einzelnen Stationsmechanismen vorgenommen.

Die Techniker prüfen schließlich noch das korrekte Zusammenspiel aller mechanischen und elektronischen Elemente: Funktioniert alles einwandfrei? Sprechen die Sicherheitseinrichtungen korrekt an?

## Abnahme durch die Behörde und Übergabe

Gemeinsam mit der Seilbahnbehörde erfolgen die letzten Tests: Sämtliche **Lastfälle** werden durchgespielt – mit leerer Bahn und mit Belastungsgewichten –, **Bremsproben** werden unter allen Bedingungen ausgeführt. Auch eine **Rettungsübung** ist Pflicht.

Ist sämtliche Technik erfolgreich geprüft und sind keine größeren Mängel festgestellt worden, gibt die Behörde das Okay für die öffentliche Benützung der Seilbahn. Jetzt kann es losgehen!

## Wie lange dauert es von der ersten Skizze bis zur Inbetriebnahme einer Seilbahn?

Schlepplifte, Sessel- und Kabinenbahnen können in relativ kurzer Zeit gebaut werden. Standard-Bauteile beschleunigen Planung und Produktion. Auch die Vormontage in der Werkhalle verkürzt die Bauzeit. In der Regel sind diese Anlagen innerhalb weniger Monate errichtet. Bei komplexen Pendelbahnen und im hochalpinen Gelände sieht die Sache anders aus. Da kann es auch mehrere Jahre dauern, denn die tatsächliche Bauzeit ist begrenzt. Auf einer Meereshöhe von über 3.000 m kann nur von Spätfrühling bis Frühherbst gebaut werden; extreme Wetterbedingungen schränken den Terminplan ein. Bei eisigen Temperaturen und Sturm arbeitet schließlich niemand gerne am Gipfel. Trotzdem müssen Seilbahnmonteure einiges einstecken; es ist ein knochenharter Job. Und der Zeitplan ist stets eng bemessen. Da kann es schon mal vorkommen, dass mehr als 30 Monteure parallel arbeiten – wie bei der neuen Zugspitzbahn.

## Was kostet eine Seilbahn?

Das hängt von verschiedenen Faktoren ab: dem Seilbahntyp, der Länge oder der Zahl der Fahrzeuge. Eine wichtige Rolle spielt auch, ob Standard-Elemente verwendet werden oder die Seilbahn quasi ein Unikat ist. Ein Schlepplift kann 500.000 Euro kosten, eine Dreiseilumlaufbahn auch 20 Mio. Euro.

## Abbruch von alten Seilbahnen

Seilbahnen sind nicht für die Ewigkeit gebaut. In der Regel haben Sessel- und Kabinenbahnen eine Lebensdauer von **30 bis 40 Jahren**, bevor sie ersetzt werden. Die Lebenszeit von Pendel- und Standseilbahnen ist noch länger.

Seilbahnen müssen von Gesetzes wegen regelmäßig strengen Inspektionen unterzogen werden, bei denen sämtliche relevanten Bauteile auf Herz und Nieren geprüft werden. Bestimmte Elemente müssen nach festgelegten Zeitintervallen komplett ausgetauscht werden. So hat etwa das Zugseil bzw. Förderseil eine begrenzte technische Lebensdauer.

Meist wird eine Seilbahn abgebaut, wenn Fahrzeit, Komfort und Fördervolumen nicht mehr den zeitgemäßen Anforderungen entsprechen und sich eine technische Aufrüstung nicht lohnen würde. In diesen Fällen entscheiden sich die Seilbahnbetreiber für den kompletten Abriss der alten Anlage und einen Neubau.

Bei der **Demontage der Stützen** kommen unterschiedliche Methoden zum Zug – je nach Stützentyp und Erreichbarkeit. Zuerst werden sämtliche Seile entfernt. Bei großen Fachwerkstützen werden die Stützenfüße mit Schneidbrennern angesägt und mithilfe von Seilwinden zu Fall gebracht. Anschließend erfolgt das Trennen in kleine Teile am Boden. Bei Betonstützen kommen auch Sprengladungen zum Einsatz.

In manchen Fällen erfolgt der Abbau genau wie die Montage: Monteure schrauben die Einzelelemente wieder auseinander, Hubschrauber oder Kräne heben die Teile zu Boden. Dieser Arbeitsvorgang bringt klarerweise höhere Kosten mit sich.

Rohrstützen und Schaftteile von Umlaufbahnen werden per Helikopter oder Kran zur Seite gelegt und dann in einem Stück abtransportiert. Lkws bringen die Stützen zum **Einschmelzen** in die Gießerei. Oder sie finden eine neue Bleibe: Denn hin und wieder wird eine alte Sessel- oder Kabinenbahn anderswo wieder aufgebaut – natürlich nach einem ausführlichen Check aller Bauteile.

INSPEKTION UND WARTUNG

# AUF HERZ UND NIEREN GEPRÜFT

Seilbahnen zählen zu den sichersten Verkehrsmitteln. Aus gutem Grund: Hersteller und das Gesetz geben die Zeitintervalle und den Prüfumfang für Inspektion und Wartung genau vor. Die regelmäßigen, streng festgelegten Prüfungen sind ein absolutes Muss, um den sicheren Betrieb zu gewährleisten.

## Materialermüdung und Rost

Die Elemente einer Seilbahn sind hohen Belastungen ausgesetzt. Sie müssen tagtäglich, Sommer wie Winter, große Temperaturschwankungen und extreme Wetterbedingungen – wie hohe Luftfeuchtigkeit, Schnee und Eis – aushalten.

Die größte Herausforderung liegt in der **„Ermüdungsbeanspruchung"** der Stahlbauteile. Damit ist die Rissbildung oder Beschädigung der Metallstruktur gemeint, wenn das Bauteil hohen zyklischen Belastungen ausgesetzt ist: Ein Fahrzeug fährt x-mal über die Seilrollen; das Seil und die Seilscheiben sind ständig in Bewegung – und auch die kuppelbare Klemme leistet gewaltige Arbeit; im täglichen Betrieb öffnet und schließt sie sich mehr als 100 Mal. Nach fünf Jahren hat so eine Klemme im Schnitt 100.000 Fahrten bzw. 200.000 Kuppelvorgänge hinter sich. Die Belastungen von Fahrzeugen sind noch weitaus höher.

Metall kann nach so großer Beanspruchung an seine Grenze geraten. Aber keine Sorge: Sämtliche Konstruktionsteile einer Seilbahn werden regelmäßig unter die Lupe genommen. Das passiert Tag für Tag, Monat für Monat, Jahr für Jahr. Größere Inspektionen finden jährlich bzw. in Mehrjahres-Abständen statt. Vorsorglich werden nach festgelegten Zeitabständen Verschleißteile ausgetauscht. Und es gibt Methoden, mit denen man in das Metall hineinschauen kann, um festzustellen, in welchem Zustand sich der Stahl befindet: die sogenannte magnetinduktive Prüfung.

Auch **Korrosion** – Rost – stellt eine Gefahr für die Seilbahn dar, besonders weit oben am Berg und in Küstennähe, wo die Luftfeuchtigkeit hoch ist. Die Stahlbauteile sind durch die Verzinkung bzw. eine Lackschicht dagegen geschützt. Trotzdem kann sich an kritischen Punkten im Laufe der Zeit Rostansatz bilden, zum Beispiel bei einer Schweißnaht, wo zwei Teile zusammengefügt sind. Auch hier gilt es, alle delikaten Bereiche regelmäßig im Blick zu haben.

## Die tägliche Kontrolle

Der Tag eines Seilbahnbediensteten beginnt mit der Überprüfung der Elektrotechnik: Funktionieren sämtliche Steuer-, Sicherheits- und Kommunikationseinrichtungen? Danach werden der Antrieb, die Spanneinrichtung und die mechanischen Baugruppen einer Sichtkontrolle unterzogen. Hat es über Nacht geschneit oder hat sich Eis gebildet, muss dieses entfernt werden. Überprüft wird auch, ob sich die Zugänge und Einstiegsbereiche für die Fahrgäste in einem einwandfreien Zustand befinden. Sind die Fahrzeuge nachts im Bahnhof geparkt, müssen sie auf die Strecke bewegt werden.

Anschließend erfolgt die Kontrollfahrt. Während der Bediener im Kommandoraum die Anlage steuert, prüft das Kontrollpersonal im Fahrzeug sämtliche Komponenten und Bauwerke entlang der Strecke: Läuft das Seil korrekt in den Seilrollen? Liegt das Tragseil korrekt auf? Ist an der Stütze alles okay? Auch das Fahrzeug selbst wird genauestens inspiziert: Läuft alles wie am Schnürchen? Schließlich werden noch die Bremssysteme geprüft.

Werden keine Unregelmäßigkeiten entdeckt, heißt es: Bahn frei für den öffentlichen Betrieb!

Doch auch während des Betriebs prüft das Personal laufend den reibungslosen Ablauf. Zudem überwacht die Elektronik im Hintergrund ständig alle Vorgänge. Entdeckt das System eine Abweichung, erscheint eine Fehlermeldung, oder es kommt zur Abschaltung der Anlage. Fehler müssen behoben werden, bevor der Betrieb weitergeführt wird.

## Monatliche und jährliche Überprüfung

In monatlichen und jährlichen Abständen bzw. auch vor jedem Saisonstart werden die Baugruppen akkurat inspiziert. Dies geschieht immer außerhalb des öffentlichen Personentransports – also nach Betriebsschluss, nachts oder bei Saisonende. Das Wartungspersonal überprüft eingehend die Elemente des Antriebs und die Seilscheiben, die Ausrüstung der Station und der Strecke sowie die Fahrzeuge. Jährlich finden auch die Bremsproben mit voll beladener Bahn (Belastungsgewichte) statt.

Verschleißteile wie Bremsbeläge oder die Gummieinlage der Seilrollen werden ersetzt; auch der vorsorgliche Austausch von beanspruchten Elementen ist vorgeschrieben. Die elektrotechnische Ausrüstung wird sorgfältig gecheckt; das Anziehdrehmoment mancher Schrauben geprüft. Seile, Bolzen und Lager werden gefettet und die eingesetzten Öle und Schmiermittel – wie Getriebe- und Hydrauliköl – einer Analyse unterzogen. Die genaue Überprüfung aller Teile kann schon mal mehrere Tage dauern.

Inspektionen müssen auch dann durchgeführt werden, wenn unvorhergesehene Ereignisse aufgetreten sind – wie Erdbeben, Blitzschlag, Sturmschäden oder ein entgleistes Seil.

## Die Revision und die Zerstörungsfreie Prüfung

In Abständen von mehreren Jahren ist ein großer Eingriff – die Revision – fällig. Hier werden bestimmte Komponenten ausgebaut und in der Werkstatt oder beim Hersteller komplett zerlegt und geprüft, zum Beispiel Bolzen, Seilrollen und Rollenbatterien. Dazu wird an der Stütze oder in der Station das Seil mithilfe eines **Hydraulikzylinders** hochgehoben und die Teile werden demontiert. Fahrzeuge, Laufwerke und Klemmen kommen auf die Prüfbank und werden dort bis ins kleinste Detail untersucht und gereinigt.

Danach erfolgen wiederum die Montage und der Einbau an Ort und Stelle. Dabei prüfen die Mitarbeiter die korrekte Einstellung und Funktion der Komponenten. Die Seilrollen etwa müssen genau in Achse ausgerichtet („gefluchtet“) sein.

Um die Lebensdauer der Teile besser einschätzen zu können, kommt die sogenannte **Zerstörungsfreie Werkstoffprüfung (ZfP)** zum Zug. Dabei testen externe Sachverständige die Qualität des Metalls, ohne es selbst zu beschädigen. Bei den verschiedenen Prüfverfahren wird das Material magnetisiert. Innere Schäden bzw. Risse im Stahl können so vorzeitig erkannt werden, bevor es zu einem Bruch kommt.

### ZERSTÖRUNGSFREIE PRÜFUNGEN

Wichtigste Beurteilung ist die **Sichtprüfung (VT)** durch geschulte Augen eines erfahrenen Prüfers. Dieser erkennt, ob ein Bauteil äußerlich beschädigt ist oder Rost aufweist. Nicht alle Mängel sind aber für das Auge sichtbar, daher sind weitere Prüfverfahren notwendig.

Die **Magnetpulverprüfung (MT)** ist ein Verfahren zum Nachweis von Rissen im Metall. An der Oberfläche wird ein magnetisches Feld erzeugt. Dort, wo eine Fehlstelle ist, tritt ein magnetischer Streufluss aus. Das ist wie bei einem Reifenplatten: Wenn man den Schlauch ins Wasser hält, treten an der undichten Stelle Luftbläschen hervor. Dasselbe passiert bei einem Riss im Metall, wie klein der auch sein mag.

Bei der **Ultraschallprüfung (UT)** werden Ultraschallwellen in das Metall geschickt (z. B. bei einem eingebauten Bolzen, den man äußerlich nicht sehen kann). Jede Fehlstelle bzw. Unregelmäßigkeit reflektiert die Ultraschallwellen.

# Seilprüfung

So sehen beschädigte Seile aus, die ausgetauscht werden müssen.

Auch die Drahtseile müssen regelmäßig von Fachleuten und Sachverständigen überprüft werden. Dazu zählen nicht nur eine genaue Sichtkontrolle von außen, sondern auch spezielle Prüfmethoden wie die magnetinduktive Seilprüfung.

Die **äußere Sichtprüfung** gibt Aufschluss darüber, ob das Seil Roststellen, Kerben oder Kratzer, Verdrillung oder Schäden wie verformte Litzen aufweist. Einzelne schadhafte Drähte sind unproblematisch – sofern sie nicht zu nahe beieinander liegen –, denn durch die Machart des Seils nehmen die anderen Drähte die Last auf.

Die Sichtkontrolle ist eine mühsame Aufgabe: Geschlossene Zug- und Förderseile lässt man in der Station auf ganzer Länge in langsamer Fahrt vorbeiziehen. Ein Mitarbeiter inspiziert das Seil von oben, während der zweite das Seil von unten mithilfe eines Spiegels betrachtet. Vor allem der Spleißbereich ist eine kritische Stelle, die genau kontrolliert werden muss.

Bei Tragseilen muss das Wartungspersonal auf dem Laufwerk oder eigenen Vorrichtungen die gesamte Strecke abfahren. Ein knochenharter Job – bei Wind und Wetter in schwindelerregender Höhe und in einer unbequemen Position das Seil zu überprüfen.

Neuerdings kommen auch High-tech-Geräte zum Einsatz, bei denen das Seil mithilfe von Videokameras überwacht wird.

Um den inneren Zustand des Seils beurteilen zu können, braucht es die **magnetinduktive Seilprüfung (MRT)**. Mit einem Messgerät werden durch die Erzeugung von Magnetfeldern innere Drahtbrüche erkannt. Damit kann relativ einfach die „Gesundheit" eines Seils ermittelt werden, d. h. wie lange es voraussichtlich noch im Einsatz bleiben kann. Ein schadhaftes Seil muss natürlich umgehend ersetzt werden.

## Seil kürzen

Drahtseile längen sich mit der Zeit, denn die Seildicke nimmt im Laufe der Zeit ab – anfangs mehr, später immer weniger. Im Fachjargon nennt man es Seillängung. Daher muss das Förder- bzw. Zugseil nach einer bestimmten Zeit etwas verkürzt werden.

**EIN BLICK UNTER DAS TRAGSEIL**
Am Stützenseilschuh wird das Tragseil mit einem Hebemittel angehoben, zum Beispiel einem Seilabhebegerät oder einem Kettenzug, um die Auflage auf Schäden oder Abrieb inspizieren zu können. Danach wird die Seilrille geschmiert, bevor das Tragseil wieder abgesenkt wird.

**TRAGSEIL VERSETZEN**
In Abständen von mehreren Jahren werden die Tragseile um ein paar Meter versetzt, um eine zu starke Belastung an der Stelle, wo das Tragseil auf den Stützen aufliegt, zu vermeiden. Dazu wird in der Bergstation das auf einem Poller aufgewickelte restliche Tragseil etwas nachgelassen und in der Talstation wieder angezogen.

Eines ist sicher: Hohe Sicherheits- und Qualitätsstandards, strenge Auflagen, bestens ausgebildetes Personal und moderne Technik tragen zum guten Ruf der Seilbahnen bei.

BERGUNG IM NOTFALL

# WENN NICHTS MEHR GEHT

Für Seilbahnen gelten hohe Sicherheitsstandards. Jedes Jahr werden Millionen von Kilometern zurückgelegt. Auf die hohe Anzahl der Fahrten und der beförderten Personen gerechnet kommt es sehr selten zu Pannen oder schlimmeren Unfällen. Trotzdem kann es zu einer Störung kommen, bei der die Passagiere aus den Fahrzeugen gerettet werden müssen.

Obwohl eine solche Situation äußerst selten ist, muss der Ernstfall regelmäßig geübt werden. Bergeplan und Bergekonzept sind bei jeder Seilbahnanlage Pflicht. Darin ist der genaue Ablauf der Rettungsaktion beschrieben.

# Der Bergeplan

Der Betreiber einer Seilbahn ist verpflichtet, ein detailliertes **Bergekonzept** auszuarbeiten. Will er die Betriebsbewilligung erhalten, muss er diese Voraussetzung erfüllen. Der Bergeplan beschreibt den vorgesehenen Bergevorgang und die Verwendung der Bergeeinrichtungen. Dabei sind alle möglichen Einsatzbedingungen berücksichtigt, wie z. B. Schlechtwetter oder Dunkelheit.

Auch der voraussichtliche **Zeitbedarf** für die Bergung der Fahrgäste ab Stillstand der Seilbahn ist definiert. Das ist sehr wichtig, denn selbst bei einer vollbesetzten Bahn darf eine festgelegte Gesamtzeit – die auch vom Seilbahntyp abhängig ist – nicht überschritten werden. Trotzdem können extreme Wetterbedingungen dem Zeitplan einen Strich durch die Rechnung machen.

Bei Auslösen des Alarms beruft der Betriebsleiter die **Rettungsmannschaft** ein. Zu einer Bergemannschaft zählen die örtliche Feuerwehr, die Bergrettung oder eigens ausgebildete Rettungskräfte.

Die Retter rücken zu den Fahrzeugen vor und bringen die eingeschlossenen Personen zu Boden oder an einen geschützten Ort. Die Bergung ist abgeschlossen, wenn der letzte Fahrgast in Sicherheit ist.

## Art der Bergung

Die verwendeten Bergemethoden hängen vom Typ der Bahn, von der Geländebeschaffenheit und vom Wetter ab: Bei den meisten Seilbahnen ist das Abseilen auf den Boden die gängige Praxis. Die Retter gelangen mit selbstfahrenden Seilfahrgeräten zu den Fahrgästen; oder aber sie steigen über Aufstiegsleitern oder Stützen zu. Jeder Passagier wird einzeln abgeseilt, wobei sich weitere Retter am Boden um die Geborgenen kümmern.

Sind die Bodenabstände für ein Abseilen zu groß und das Wetter lässt es zu, erfolgt die Rettung per Helikopter, der die Passagiere einzeln von der Gondel aufnimmt und am Boden absetzt. Bei Nebel oder starken Windböen ist der Einsatz von Hubschraubern allerdings kaum möglich.

Bei **Pendelbahnen** kommt eine kleine, unabhängige Bergebahn zum Einsatz. Sie besteht aus einem eigenen Antrieb mit Rettungsseil und Bergefahrzeugen. Diese werden bis zum Hauptfahrzeug bewegt. Über eine Luke können die Fahrgäste umsteigen. Das Bergefahrzeug bringt sie sicher in die Station zurück.

Richtungsweisend sind neue, alternative Rettungskonzepte: Bei der sogenannten **integrierten Bergung** sind Abseilen oder eine Bergebahn überflüssig. Die Gondeln können in jedem Fall in die Station zurückgeführt werden. Das ist möglich, weil alle relevanten Bauteile zweifach und unabhängig voneinander ausgeführt sind: Streikt das eine, steht das andere zur Verfügung.

Bei **Standseilbahnen** ist die Bergung weniger aufwendig: Die Passagiere können im Notfall entlang der Strecke aussteigen und gelangen über eigene Stege zur Station.

**Funifor-Pendelbahnen** wiederum haben den Vorteil, dass beide Fahrzeuge einen eigenen, unabhängigen Antrieb besitzen. Bleibt eine Kabine stehen, dient die andere als Bergefahrzeug. Der Umstieg erfolgt über einen klappbaren Brückensteg.

### WARUM BLEIBT EINE SEILBAHN ÜBERHAUPT STEHEN?

Grund für technische Zwischenfälle können z. B. orkanartige Windböen, vereiste Seile, Überschlag und Berührung von Zug- und Tragseil, Blitzschlag oder Störungen an der Elektronik bzw. Mechanik sein. Die Unfallstatistik zeigt auch, dass Fehlverhalten der Fahrgäste und Unachtsamkeit des Bedienpersonals oft Fehlerursache sind. Das können Mutproben von Jugendlichen sein, die sich riskant verhalten. Oder das Personal führt eine unzureichende Wartung der Bauteile durch bzw. hält sich nicht an die gegebenen Abläufe.

### WIE SICHER SIND SEILBAHNEN?

Seilbahnen zählen zu den sichersten Verkehrsmitteln der Welt. Eine Studie hat gezeigt, dass bei Seilbahnen im Schnitt nur alle 17,1 Mio. km ein Unfall auftritt.

In der Regel bleibt die Seilbahn einfach stehen. Ein Absturz einer Kabine ist zwar möglich, aber ziemlich unwahrscheinlich.
Ein solches Unglück ereignete sich 1998, als ein Militärflugzeug im Tiefflug das Tragseil einer Seilbahn in Cavalese (Italien) kappte und die Gondel daraufhin in die Tiefe stürzte.

### ÜBEN, ÜBEN, ÜBEN

Die Evakuierung der Fahrgäste aus Seilbahnanlagen stellt für alle Beteiligten eine große Herausforderung dar. Besonders im Winter ist Eile geboten, um die bei Kälte und Sturm festsitzenden Skifahrer so schnell wie möglich in Sicherheit zu bringen.

Daher üben die Retter regelmäßig den Ablauf einer Bergung, damit in Stresssituationen jeder Handgriff sitzt und das Zusammenspiel reibungslos funktioniert. Beruhigend zu wissen, dass die Rettungskräfte bestens für den Notfall vorbereitet sind!

NEUE ENTWICKLUNGEN

# WAS DIE ZUKUNFT BRINGT

Damit Kinder und Erwachsene sicher und bequem auf den Berg gelangen, arbeiten innovative Köpfe daran, die bestehende Technik weiter zu verbessern, oder tüfteln an neuen Ideen. Manche Neuheiten fallen sofort ins Auge, während andere Optimierungen im Detail stecken.

Das digitale Zeitalter hält Einzug in die Welt der Aufstiegshilfen. So werden einerseits Steuerung und Bedienung einfacher bzw. intuitiver; andererseits können Bauteile mithilfe modernster Technologien effizienter überwacht werden. Und auch für die Fahrgäste wird die Seilbahnfahrt immer mehr zum „smarten", sprich interaktiven Erlebnis.

Golm (Österreich)

## Sicher auf dem Sessel

Eine Gefahr bei Kindern stellt das Durchrutschen unter dem Schließbügel bei Sesselbahnen dar. Damit das in Zukunft nicht mehr passiert, hat man einen besonders kindersicheren Sessel entwickelt: Bei geschlossenem Schließbügel befindet sich das Verbindungsrohr zur Fußauflage zwischen den Oberschenkeln des Fahrgastes. Dadurch ist ein Hinausrutschen aus dem Sessel unmöglich. Der Schließbügel schließt und verriegelt nach dem Einstieg selbsttätig; erst in der Bergstation wird er wieder entriegelt und automatisch geöffnet. Auf einem kindersicheren Achter-Sessel dürfen bis zu sieben Kinder allein mit einem Erwachsenen Platz nehmen.

SPECIAL

**INS BLAUE FAHREN**

Gelb, blau oder orange: Farbige Wetterschutzhauben sind nicht nur optisch ein Hingucker, sondern machen den Trip auf den Berg noch spektakulärer. So hat man auch bei bewölktem Himmel eine gute Sicht.

## Keine Hektik mehr

Skiköcher nehmen die Sportgeräte auf und sind normalerweise an den Außentüren einer Kabine angebracht. Wenn viele Leute gleichzeitig einsteigen, kann es manchmal hektisch zugehen. Neuerdings können sich die Skiköcher auch im Innenraum befinden. Eine komfortable Sache: Die Sportler haben beim Zustieg weniger Stress, weil sie ihre Skier oder Snowboards in aller Ruhe in die Gondel mitnehmen und dort bequem abstellen können. Dasselbe gilt für das Aussteigen.

## Warm up!

Wenn ein eiskalter Wind pfeift, kann die Fahrt auf dem Sessel ungemütlich werden – es sei denn, er ist bereits vorgewärmt. Die Heizmatten in der Sitzpolsterung werden in der Station elektrisch aufgeheizt, sodass sich die Auflage angenehm warm anfühlt. Auch bei Kabinenbahnen gibt es mittlerweile beheizbare Sitze.

Eine Neuheit: die Rückenlehnen-Heizung. Sie wärmt den Fahrgast am Rücken und macht die Fahrt noch behaglicher. Da möchte man an kalten Tagen gar nicht mehr aussteigen.

**FACTS**

Ca. **20 Sekunden** Heizzeit in der Station → Strom fließt über die Stromschiene → **420 W** pro Sitzplatz

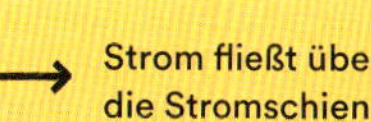

## Ins Netz gehen

An vielen Orten eine Selbstverständlichkeit – und nun auch während der Bergfahrt möglich: Über das eingebaute WLAN-Netz können die Fahrgäste mit dem Smartphone im Internet surfen oder chatten sowie ihre Eindrücke und das Erlebte besonders zeitnah posten.

## Ein Hoch auf die Kinder

Dieser Förderbandeinstieg hat einen hydraulischen Hubtisch, der sich automatisch an die Größe der kleinsten Fahrgäste anpasst und entsprechend hochfährt. Eine feine Sache, die das Einsteigen mit Kindern erheblich erleichtert.

## Bike to go

Mountainbiken boomt. Wer den Weg zum Downhill-Trail abkürzen will, lässt das Rad eben hochgondeln. Mit einem einfachen Handgriff wird es im „Bike Clip" eingehängt; bis zu vier Bikes können so pro Fahrzeug transportiert werden. Damit das Ausladen problemlos abläuft, bleibt das Fahrzeug in der Bergstation kurz stehen.

## Platz für Kreativität

Die großen, austauschbaren Werbeflächen (Mesh genannt) auf der Rückseite der Sessel eröffnen neue Möglichkeiten der Gestaltung; sie können bei Bedarf einfach ausgetauscht werden. So kann jeder Seilbahnbetreiber das Design individuell abstimmen oder mit Botschaften versehen.

## Mit der Kraft der Sonne

Diese Seilbahn fährt mit Sonnenenergie. Die Solarpaneele sind in den Stationsdächern integriert und wurden dafür extra gebogen. Sie liefern ein Drittel des notwendigen Stroms. Vermehrt gibt es auch Kabinenbahnen, bei denen Solarpaneele am Dach der Gondel integriert sind. Sie decken den Strombedarf des Fahrzeugs. Mit voller Sonnenkraft in Richtung nachhaltige Zukunft!

## Die vernetzte Seilbahn

SMART Ropeway – unter diesem Schlagwort setzen Seilbahnhersteller auf intelligente Vernetzung: Mithilfe digitaler Technologien soll der Alltag für die Mitarbeiter einfacher werden und die Fahrgäste ein Plus an Komfort und Entertainment erhalten. Jede Kabine lässt sich zentral und individuell ansteuern. Den Passagieren steht ein umfangreiches und interaktives Infotainment-Angebot zur Verfügung, damit die Seilbahnfahrt zum unvergesslichen Erlebnis wird. Mit SMART Ropeway hat der Seilbahnbetreiber ein mächtiges Tool in der Hand: einfachere Seilbahnsteuerung, direkte Anbindung an Service-Leistungen, Unterstützung bei der Instandhaltung und intelligentes Datenmanagement.

STADTSEILBAHNEN

# SCHWEBEN STATT STAUEN

Längst prägen sie das urbane Bild – in Europa, Asien und vor allem auf dem südamerikanischen Kontinent. Stadtseilbahnen sind weltweit im Kommen. In Ballungsräumen stellen sie eine optimale Ergänzung zu etablierten Transportmitteln wie Bus, Straßenbahn oder U-Bahn dar, weil sie Lücken schließen und sich gut an ein bestehendes öffentliches Verkehrsnetz anbinden lassen.

Zweifellos sind sie eine besondere Attraktion: Über den Dächern der Stadt schweben, den faszinierenden Ausblick über die Skyline genießen, das pulsierende Leben einer Metropole von oben betrachten – das gibt es nicht alle Tage und nicht überall!

Singapur

# Stadtseilbahnen in Europa

In Europa sind Seilbahnen in der Stadt eher selten anzutreffen. Doch auch hier wird mittlerweile immer öfter über dieses Verkehrsmittel als Alternative zu Bus, Straßenbahn und Co. nachgedacht und über die Vor- und Nachteile diskutiert.

Für die „EXPO" von 1988 errichtete **Lissabon** eine Kabinenbahn. Der „Teleférico" im Park der Nationen umfasst 40 Gondeln und ist ein Muss für jeden Besucher der Hauptstadt Portugals. Die Fahrstrecke verläuft entlang des Flusses Tejo, wobei die Stützen im Flussbett verankert sind.

Anlässlich der Bundesgartenschau 2011 ging in **Koblenz** eine Dreiseilumlaufbahn in Betrieb: Die „Rheinseilbahn" führt über den Rhein und verbindet das Deutsche Eck, eine künstlich aufgeschüttete Landzunge an der Mündung der Mosel in den Rhein, mit der hoch über der Stadt thronenden Festung Ehrenbreitstein. Ursprünglich hätte sie nach drei Jahren wieder abgebaut werden sollen, auch um nicht den Status des Weltkulturerbes „Oberes Mittelrheintal" zu verlieren. Am Ende kam es anders: Die UNESCO gab grünes Licht für eine längere Betriebsdauer, und die Koblenzer können ihr liebgewonnenes Transportmittel zumindest bis 2026 behalten.

Über der Skyline von **London** schwebt seit 2012 die „Emirates Air Line". Die Fluggesellschaft aus Dubai eröffnete die Kabinenbahn

London (Großbritannien)

feierlich zu den Olympischen Sommerspielen. Seitdem kann man in 80 m Höhe die Themse überqueren und dabei das spektakuläre Panorama der britischen Hauptstadt genießen.

Die Altstadt von **Porto** lässt sich wunderbar mit dem „Teleférico de Gaia“ aus der Luft erleben. Man schwebt über mittelalterliche Dächer entlang des Flusses Douro.

Auch in anderen europäischen Metropolen entstanden in jüngster Vergangenheit Seilbahnen oder liegen Projekte auf dem Tisch der politischen Entscheidungsträger. Weil die Nachfrage nach nachhaltigen Verkehrskonzepten wächst, haben Stadt- und Verkehrsplaner die Seilbahn als städtisches Nahverkehrsmittel entdeckt.

Werden wir in Zukunft dem Stau entschweben?

↑ Lissabon (Portugal)
← Porto (Portugal)
↓ Koblenz (Deutschland)

# Stadtseilbahnen weltweit

## DAS GRÖSSTE SEILBAHNNETZ DER WELT: MI TELEFÉRICO

Urbane Seilbahnen gehören in einigen Ländern – etwa in Südamerika – längst zum Alltag. Sie sind dort ein beliebtes Verkehrsmittel angesichts täglicher Staus auf heillos verstopften Straßen. In den dicht bebauten und hügeligen Gebieten überwinden die Seilbahnen mühelos jegliche Hindernisse.

In der bolivianischen Großstadt **La Paz** befindet sich das größte städtische Seilbahnnetz der Welt.

„Mi Teleférico" verbindet unter anderem die beiden Zentren der zusammengewachsenen Großstädte La Paz und El Alto, die auf 3.600 bzw. 4.100 m Meereshöhe liegen.

Insgesamt zehn Linien bilden ein großflächiges Verkehrsnetz und eine ideale Alternative zum Verkehrschaos am Boden. Wo früher Pkws, Micros (Kleinbusse) und

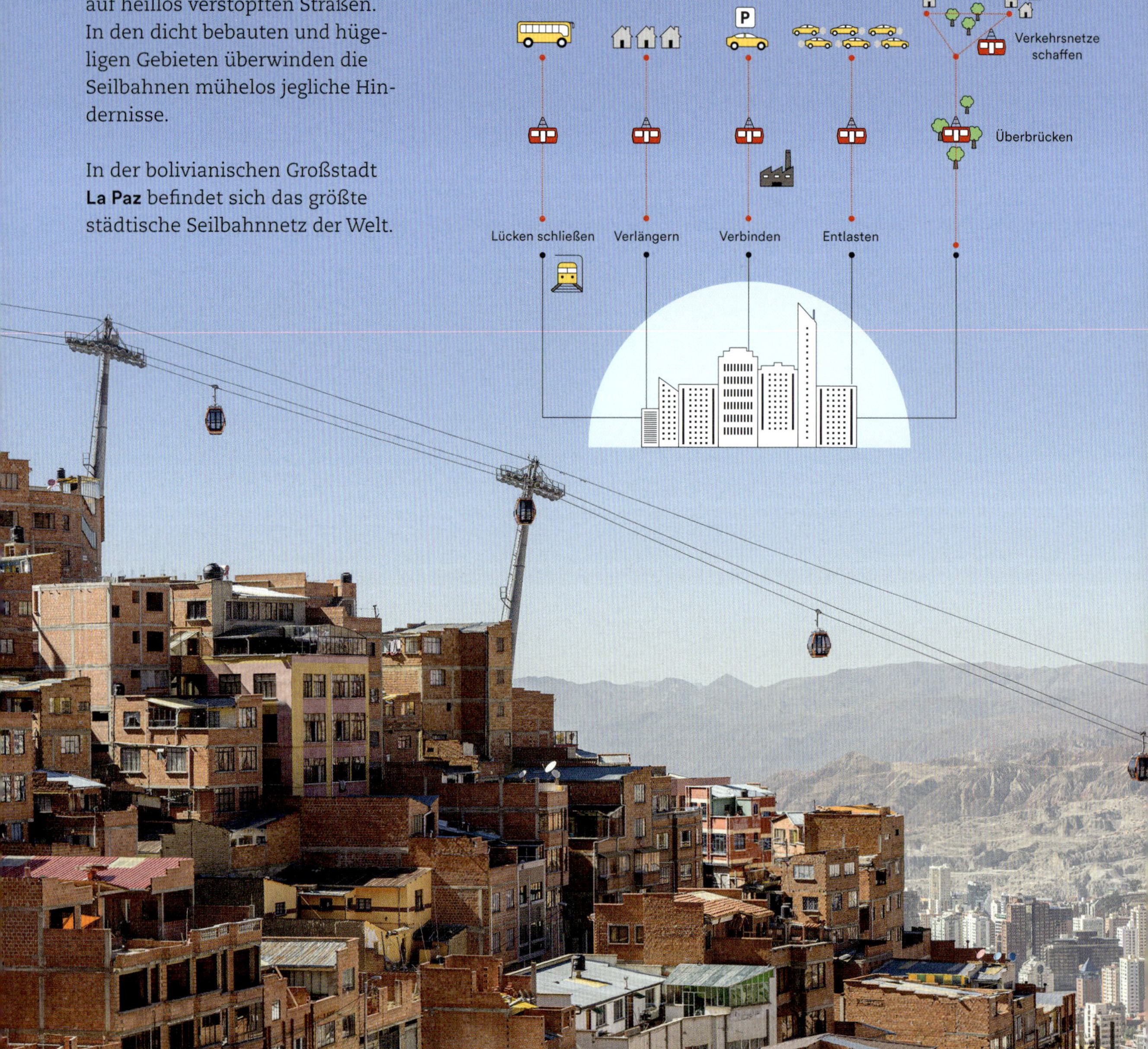

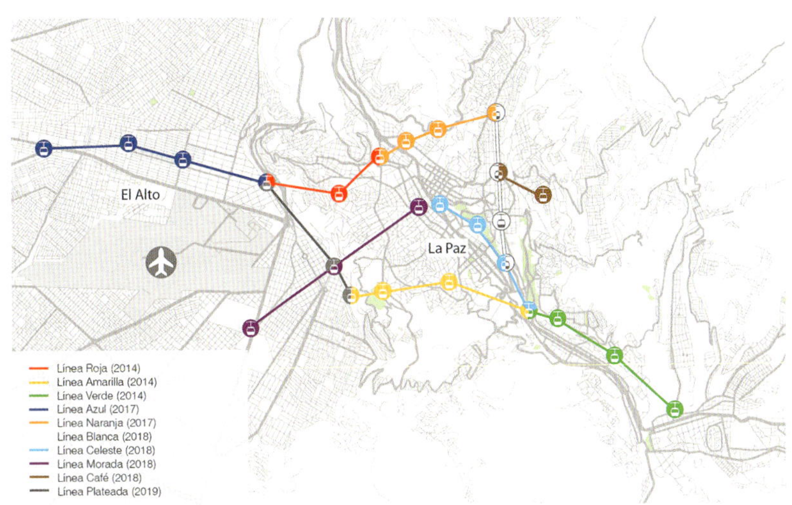


## FACTS

**DAS WELTGRÖSSTE SEILBAHNNETZ IM ÜBERBLICK**

BAHNSYSTEM .............. Kuppelbare Zehner-Gondelbahn
STANDORT ............ La Paz, Bolivien
BAUZEIT .................. 2014–2019
ANZAHL DER LINIEN IN BETRIEB ....... 10
GESAMTLÄNGE ............ ca. 33 km
GESAMTZAHL KABINEN .......... 1.400
GESAMTZAHL STATIONEN ........... 26

**Zahl der transportierten Fahrgäste**

GESAMTBEFÖRDERUNG MAI 2014 BIS SEPTEMBER 2019 .... 250 Mio. Fahrgäste
AKTUELLES TAGESMITTEL .. ca. 300.000 Fahrgäste

Trufis (Gruppentaxis) oft bis zu zwei Stunden für kurze Strecken brauchten, erreichen jetzt täglich Hunderttausende von Pendlern ihre Arbeitsstätte in wenigen Minuten. Die Seilbahn ist längst zum beliebtesten Verkehrsmittel der Millionenstadt geworden. Der Betrieb trägt sich inzwischen selbst. 15–20 % der Reisenden benutzen sie täglich; die Bevölkerung hat „Mi Teleférico" längst in ihr Herz geschlossen.

La Paz (Bolivien)

## TELEFÉRICO DE CARACAS

Caracas in Venezuela ist ebenfalls für ihr umfangreiches Seilbahnnetz bekannt. Vor mehr als 60 Jahren schon verband der „Teleférico de Caracas“ die Hauptstadt mit dem Küstenort Macuto. Er überquerte ein Bergmassiv und war über 10 km lang. Seit den 1980er Jahren steht die Seilbahn still und verfällt. Einen Lichtblick gibt es dennoch: Zur Jahrtausendwende wurde die erste Teilstrecke durch eine neue Achter-Kabinenbahn – den „Teleférico de Caracas“ – ersetzt. Sie führt hinauf ins Ávila-Gebirge. Mittlerweile gibt es weitere drei Seilbahnen, die die dicht besiedelten Stadtteile miteinander verbinden.

## DIE JEWEL BOX IN SINGAPUR

In Singapur verbindet die „Jewel Box“ das Festland mit der beliebten Vergnügungsinsel Sentosa. Im 15. Stock eines Shoppingcenters legt sie einen Zwischenhalt ein. Glamourös: Die „7-Sterne“-VIP-Kabine ist mit Ledersitzen, Minibar, Sound System und Glasboden ausgestattet. Eine besondere Zierde sind die in der Verkleidung eingelassenen Swarovski-Kristalle. Abends lässt sich in den Gondeln das „Sky Dining“ gustieren.

Singapur

Caracas (Venezuela)

# Pendelbahnen und Cable Liner in der Stadt

Nicht nur klassische Umlaufkabinenbahnen, auch Pendelbahnen findet man in Städten. Berühmt ist die Seilbahn im Hafen von **Barcelona** (Spanien) aus dem Jahr 1926. Auch in **Brest** (Frankreich) oder **New York** (USA) kann man in modernen Pendelbahnen die City von oben bestaunen.

Neben Luftseilbahnen sind im urbanen Bereich auch Cable Liner und Standseilbahnen im Einsatz, die am Boden eigene Fahrbahnen nutzen. Sie dienen meist als Zubringer für Flughäfen, Messe- und Kongresszentren, Sportstadien und Vergnügungsparks.

Unter anderem verkehren Cable Liner an Flughäfen in **Mexico City** (Mexiko), **Oakland** (USA), **Doha** (Katar), **Moskau** (Russland) und **Birmingham** (Großbritannien), **Kairo** (Ägypten); außerdem in **Las Vegas** (USA) und in **Venedig** (Italien).

Legendär sind einige städtische Standseilbahnen: in **Innsbruck**, **Salzburg**, **Graz** (Österreich), **Neapel** (Italien), **Lugano** (Schweiz), **Paris** (Frankreich), **Istanbul** (Türkei), **San Francisco** (USA), **Hongkong** (China) – um nur einige zu nennen.

**DIE „PORTLAND AERIAL TRAM“** ist eine beeindruckende Pendelbahn in Portland im Bundesstaat Oregon (USA). Sie führt von der Stadt zum 150 m höher gelegenen Universitäts- und Klinikviertel. Die Bergstation befindet sich in der 9. Etage des 14-stöckigen Uni-Hauptgebäudes. Jede Kabine fasst 78 Personen und kann selbst noch bei Windgeschwindigkeiten von bis zu 100 km/h fahren. Seit der Eröffnung im Jahr 2007 hat sie bereits Millionen Passagiere befördert. Das markante Design der Stationen, Kabinen und Stützen hat die Seilbahn zur jüngsten Sehenswürdigkeit der Stadt Portland gemacht.

**FACTS**

**78-ATW PORTLAND AERIAL TRAM**

| | |
|---|---|
| BAHNSYSTEM | Pendelbahn |
| STANDORT | Portland (USA) |
| ERÖFFNUNG | 2007 |
| FASSUNGSVERMÖGEN KABINE | 78 Pers. |
| HÖHENUNTERSCHIED | 150 m |

**ZAHLEN/FAKTEN (2019):**

- über 20 Mio. transportierte Fahrgäste
- 41.750 Betriebsstunden
- 6,4 Mio. eingesparte Auto-Kilometer bzw. 1.000 t pro Jahr vermiedene Treibhausgas-Emissionen

# Ein Blick in die Zukunft

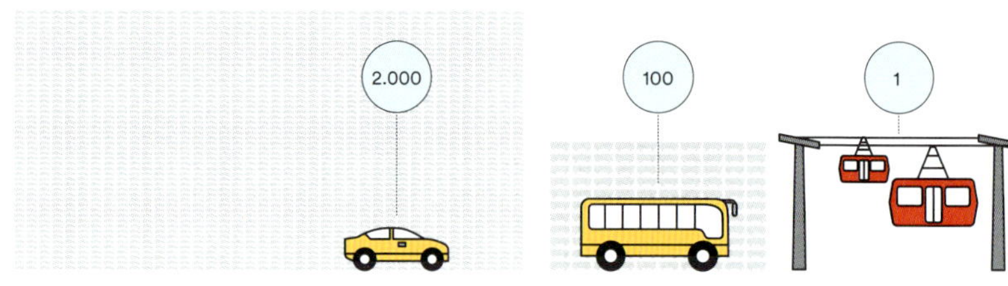


Für den Transport von 10.000 Passagieren/h (5.000 pro Richtung) benötigt man:

Wie werden wir uns morgen in der Stadt bewegen? Einiges mag utopisch klingen und wird wohl in irgendeiner Schublade landen. Manches aber könnte in einigen Jahren Wirklichkeit werden. Tatsache ist: Derzeit leben etwa 50 % der Weltbevölkerung in Städten, und diese Zahl wird weiter zunehmen. Einer nachhaltigen und ressourcenschonenden Verkehrspolitik kommt daher eine immer größere Bedeutung zu. Die Seilbahn ist eine kluge, klimafreundliche und nachhaltige Antwort auf verstopfte Innenstädte, Lärm und verschmutzte Luft. Sie lässt sich in das öffentliche Verkehrsnetz integrieren. Personen und Güter können mit ihr transportiert werden. Mehrere Städte planen, City-Seilbahnen in das öffentliche Nahverkehrsnetz zu integrieren. Es ist eine große Chance, dem drohenden Verkehrsinfarkt am Boden zu entschweben. Wo früher Hektik, Staus und Abgase die Stadt in ihren Fängen hatten, könnten wieder Familien mit ihren Kindern auf Grünflächen und Spielplätzen bummeln.

# Stadtseilbahnen – die Vorteile im Überblick

**Kein Elektrosmog:** Seilgezogene Systeme haben keine Hochspannungsleitungen und Zugmaschinen, denn der Antrieb erfolgt zentral in einer Station

Vollautomatischer Betrieb möglich

**Und nicht zuletzt:** einmalige Aussicht über die Stadt!

Kabinen bieten viel Platz – auch für Fahrräder, Rollstühle, Kinderwagen und Gepäckstücke

**Energiesparend:** weniger Energiebedarf im Vergleich zu herkömmlichen Transportsystemen

**Wenig Platzbedarf:** beanspruchen am Boden kaum Raum; abgesehen von den Stützen sowie der Ein- und Ausstiegsstation befindet sich die eigentliche Verkehrsebene in der Luft

**Umweltschonend:** keine Abgase

Gut integrierbar in bestehende Verkehrsnetze

**Hohe Förderleistung:** Stadtseilbahnen können bis zu 5.500 Personen pro Stunde und Richtung transportieren

**Kein Stau:** vom Straßenverkehr unabhängige Fahrbahn

Geringe Bau- und Betriebskosten

**Keine Wartezeit in den Stationen:** bei Umlaufbahnen kontinuierlicher Betrieb, Kabinen sind laufend verfügbar

Geräuscharm

Sicheres Verkehrsmittel

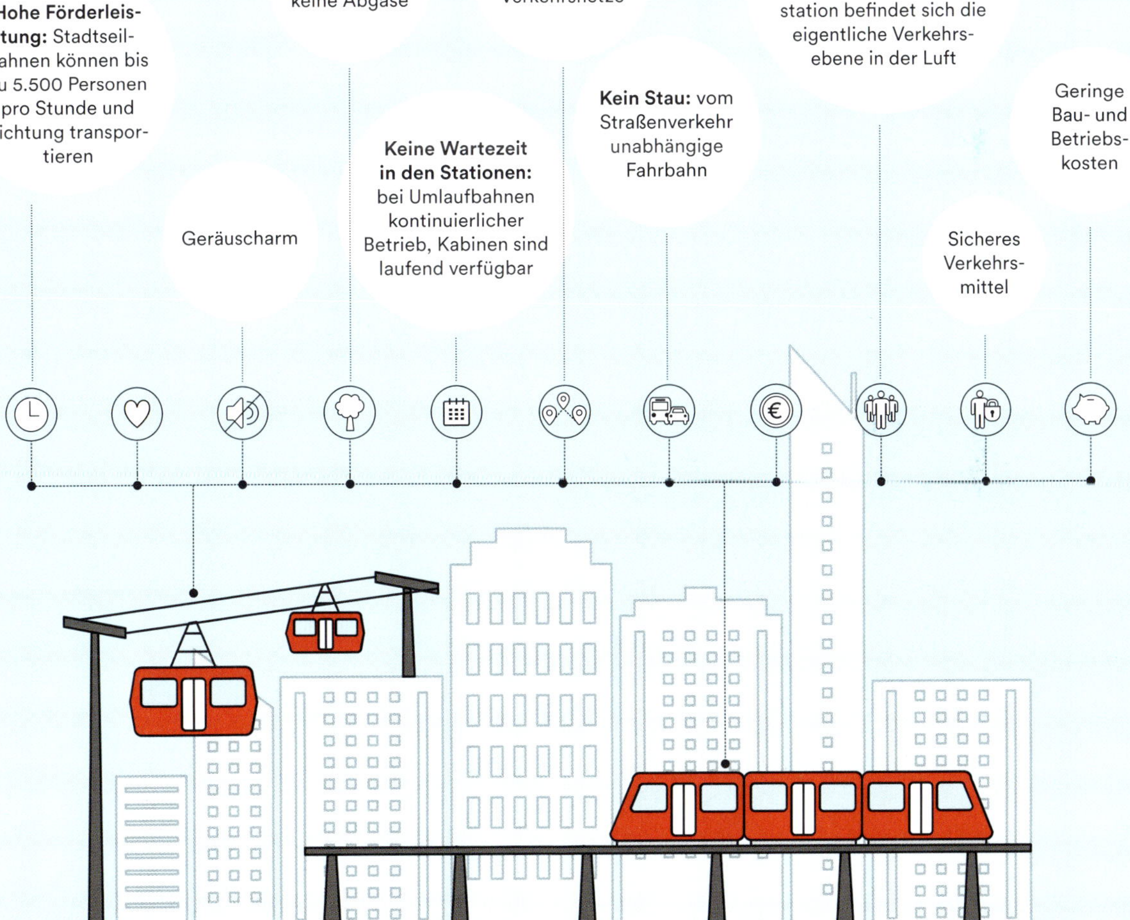

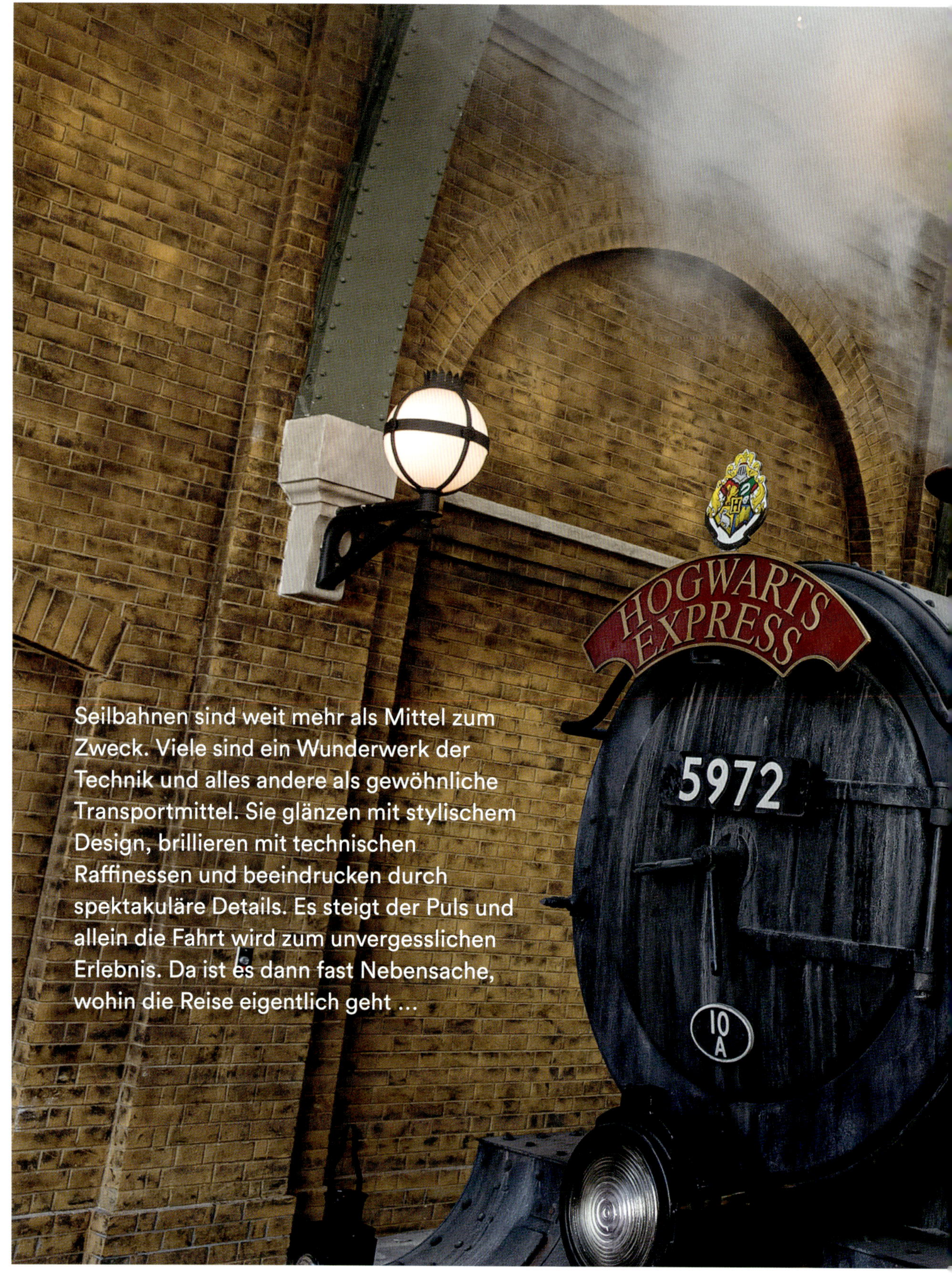


Seilbahnen sind weit mehr als Mittel zum Zweck. Viele sind ein Wunderwerk der Technik und alles andere als gewöhnliche Transportmittel. Sie glänzen mit stylischem Design, brillieren mit technischen Raffinessen und beeindrucken durch spektakuläre Details. Es steigt der Puls und allein die Fahrt wird zum unvergesslichen Erlebnis. Da ist es dann fast Nebensache, wohin die Reise eigentlich geht …

AUSSERGEWÖHNLICHE SEILBAHNEN

# EXTRAKLASSE

# Eine Runde auf dem Karussell

Die Erde dreht sich; das weiß heutzutage jeder. Aber dass sich auch eine Seilbahnkabine drehen kann? – Es ist tatsächlich so, und das muss man mit eigenen Augen gesehen haben. Während der Fahrt dreht sich die Kabine einmal um die eigene Achse. Das ist sehr bequem: So hat man einen perfekten 360-Grad-Blick auf das Bergpanorama, ohne sich den Hals verrenken zu müssen!

## FACTS

**80-ATW/75-ATW SKYWAY MONTE BIANCO**

BAHNSYSTEM ............ Pendelbahn
BAUJAHR ........................ 2015
STANDORT ....... Courmayeur (Italien)

## SKYWAY MONTE BIANCO

In Courmayeur führt die Seilbahn „Skyway Monte Bianco" hinauf auf die Helbronner Spitze – auf stolze 3.500 m. Die Pendelbahn an der Grenze zwischen Italien und Frankreich bietet eine spektakuläre Aussicht auf die umliegenden Viertausender inklusive dem höchsten Berg Europas, dem Mont Blanc! Die Gondeln bieten **Hightech vom Feinsten**: beheizbare Scheiben, Klimaanlage, Bodenheizung, LED-Beleuchtung, Sound- und Multimedia-Anlage. Mithilfe der Kameras, die an der Unterseite der Kabine angebracht sind, kann man den Boden unter den Füßen virtuell überfliegen.

Futuristisch mutet die Architektur der Stationen an, die in Stahl und Glas gehalten sind. Als Vorbild diente die Natur: Das wellenförmige Dach der Talstation ist einer Gletscherzunge nachempfunden und verschmilzt mit der Umgebung. Die Bergstation hat die Form eines Kristalls und ist direkt auf die Felsspitze aufgesetzt. Von der runden Aussichtsplattform bietet sich ein atemberaubender Rundblick über die vielen umliegenden Gletscher. Der Mont Blanc türmt sich direkt vor einem auf.

## TITLIS ROTAIR

Die Seilbahn zum Gipfel des Titlis (3.238 m) ist eine runde Sache: Die Gondel dreht sich während der fünfminütigen Fahrt einmal um sich selbst. Man steigt ein und genießt den Ausflug, während die atemberaubende Gletscherlandschaft langsam vorüberzieht. Die Kabinen haben unter dem Boden große Behälter, mit denen Trinkwasser zum Gipfelrestaurant transportiert werden kann.

**FACTS**

**75-ATW STAND-TITLIS**
BAHNSYSTEM ............ Pendelbahn
BAUJAHR KABINEN ............ 2014
STANDORT .. Engelberg, Obwalden (CH)

## PALM SPRINGS AERIAL TRAMWAY

Besonders faszinierend ist die Fahrt durch mehrere Klimastufen: Man startet in der Staubwüste – unten im Tal in Palm Springs (Kalifornien) – und steigt am schneebedeckten Gipfel des Mount San Jacinto (3.302 m) aus. Die Kabine dreht sich während der Überfahrt über wilde Canyons um die eigene Achse.

**FACTS**

**80-ATW PALM SPRINGS AERIAL TRAMWAY**
BAHNSYSTEM ............ Pendelbahn
BAUJAHR KABINEN ............ 2001
STANDORT ........ Palm Springs (USA)

## FUNIVIA MONTE BALDO

Mountainbiker, Wanderer und Liebhaber des Gardasees kennen und lieben sie: die Seilbahn, die von Malcesine auf den Monte Baldo führt. Dabei das schimmernde Blau des wunderschönen Sees in einer 360-Grad-Perspektive erleben – was will man mehr?

**FACTS**

**80-ATW MALCESINE–MONTE BALDO**
BAHNSYSTEM ............ Pendelbahn
BAUJAHR ..................... 2002
STANDORT .......... Malcesine (Italien)

## TABLE MOUNTAIN AERIAL CABLEWAY

Wenn man oben ankommt, hat man rundherum bereits alles gesehen – kein Wunder mit der sich drehenden Seilbahnkabine! Der Tafelberg ist das Wahrzeichen von Kapstadt. Um dorthin zu gelangen, nimmt man entweder den schweißtreibenden Aufstieg auf sich, oder man lässt sich ganz gemütlich mit der Seilbahn auf den Aussichtsberg gondeln. So oder so: Der Blick über die Stadt und das Meer ist umwerfend!

**FACTS**

**65-ATW TABLE MOUNTAIN**
BAHNSYSTEM ............ Pendelbahn
BAUJAHR KABINEN ............ 1997
STANDORT ....... Kapstadt (Südafrika)

# Himmelsstürmer

**DURBAN**
Spektakulär ist die Standseilbahn des „Moses-Mabhida-Stadions“ von Durban, Spielstätte der Fußballweltmeisterschaft 2010. Die Strecke führt über den 110 m hohen, gewölbten Stahlbogen des Stadions. Auf der Aussichtsplattform – übrigens der höchste Punkt der Stadt – schwebt man über den Zuschauertribünen und genießt den Blick aufs Meer und ins Hinterland.

**FACTS**

**25-FUL MOSES MABHIDA SKY CAR**

BAHNSYSTEM .......... Standseilbahn
BAUJAHR .......................... 2009
STANDORT ........ Durban (Südafrika)

# Wenn Autos in die Luft gehen

**SOTSCHI**
Bei den Olympischen Winterspielen 2014 in Sotschi haben die Veranstalter sehr viel Geld investiert, auch in Seilbahnen: An die 40 hochmoderne Seilbahnanlagen wurden aus dem Boden gestampft.

Eine Dreiseilumlaufbahn kann sogar Autos befördern. Das Internationale Olympische Komitee (IOC) forderte nämlich im Vorfeld, dass alle Austragungsorte immer erreichbar sein müssen – für Sportler und deren Mannschaftsautos. Bei Bedarf können zusätzlich 25 Transportplattformen an das Seil geklemmt werden, auf die die Autos auffahren können. Die normale Kabine kann 30 Personen aufnehmen – und ist für eine Last von 2.400 kg ausgelegt.

**FACTS**

**30-TGD ROSA KHUTOR OLYMPIC VILLAGE**

BAHNSYSTEM ...... Dreiseilumlaufbahn
BAUJAHR ...... 2014
STANDORT ...... Sotschi (Russland)
FÖRDERLEISTUNG .. 33 Pkw pro Stunde und Richtung plus 1.000 P/h

**VOLKSWAGEN SLOWAKEI**
In der Slowakei werden mit der 450 m langen Funitel-Seilbahn die nagelneuen VW-Modelle von der Montagehalle zum werkseigenen Testgelände gebracht, wo sie einem Fahrtest unterzogen werden. Anschließend schweben die Autos auf demselben Weg wieder zurück.

Weil die Fahrzeuge im Dreischichtbetrieb produziert werden, legte man bei Volkswagen besonderen Wert darauf, dass die Seilbahn zuverlässig rund um die Uhr verfügbar ist. Daher ist die Antriebseinheit – Motor und Getriebe – zur Sicherheit doppelt ausgelegt. Fällt ein Antrieb aus, springt der zweite ein.

**FACTS**

**FUN „VOLKSWAGEN SLOVAKIA“**

BAHNSYSTEM ...... Funitel
BAUJAHR ...... 2003
STANDORT ...... Bratislava (Slowakei)
FAHRBETRIEBSMITTEL ..... 8 Transportplattformen
FÖRDERLEISTUNG .. 67 Pkw pro Stunde und Richtung

**PENDELBAHN BETTMERALP**
Die Pendelbahn in das Schweizer Bergdorf Bettmeralp bietet eine nicht alltägliche Attraktion: Weil der Ort autofrei ist, fährt der Müllwagen täglich Seilbahn. Auch Busse und Autos haben auf diese Weise schon den Berg erklommen.

## Ein tierisches Abenteuer

### KABINENBAHN TIERPARK KOLMÅRDEN

So hat man wilde Tiere noch nie erlebt! Mit der Safari-Seilbahn gleitet man lautlos über die Köpfe von Tigern, Löwen, Bären, Giraffen und Elchen hinweg. Raubvögel jagen pfeilschnell an einem vorbei. Der Tierpark liegt im schwedischen Kolmården südlich von Stockholm und ist der größte Zoo Nordeuropas. 750 Tiere aus aller Welt lassen sich hier bewundern. Die Fahrt dauert ca. 25 Minuten; die Seilbahn geht dabei auch in die Kurve. Die Gondeln sind wie Käfige vergittert – so kann man dieses spannende und einmalige Abenteuer ganz entspannt angehen.

**FACTS**

**8-MGD SAFARIGONDEL KOLMÅRDEN**

BAHNSYSTEM ........... Kabinenbahn
BAUJAHR ........................ 2011
STANDORT .... Kolmården (Schweden)

## 20.000 Meilen unter dem Meer

### OCEAN EXPRESS

Abtauchen in ein großartiges Abenteuer: Im „Ocean Park" von Hongkong, einem der größten Vergnügungsparks der Erde, kann man in einem „U-Boot" in die Tiefen des Meeres abtauchen. Na ja, fast: In dem 1,3 km langen Tunnel hat man während der Fahrt das Gefühl, mit der berühmten „Nautilus" von Jules Verne auf Meeresgrund zu tauchen. Aber keine Angst, man befindet sich nicht 20.000 Meilen unter dem Meer, sondern in einer fesselnden Standseilbahn. Bildschirme erwecken den Eindruck, sich tatsächlich unter Wasser zu befinden; Wave-Lights, das Flimmerlicht von Stroboskopen und Basslautsprecher verstärken diese Illusion.

**FACTS**

**400-FUL OCEAN EXPRESS**

BAHNSYSTEM .......... Standseilbahn
BAUJAHR ....................... 2009
STANDORT .. „Ocean Park" (Hongkong)

# Wasserspiele

## WHIRLPOOL AERO CAR

Die Niagarafälle hautnah aus der Luft erleben: Die „Whirlpool Aero Car"-Seilbahn überquert das tosende Gewässer des Niagara River über eine Strecke von 4 km und führt von einem Ufer zum anderen. Der Blick in die tiefe Schlucht auf Strudel, Stromschnellen und schäumende Gischt ist ein eindrucksvolles Naturschauspiel.

Auch die mehr als 100 Jahre alte Seilbahn selbst ist ein Erlebnis. Von einem spanischen Ingenieur entworfen, absolvierte sie 1916 ihre Jungfernfahrt. Die Bahn ist im wahrsten Sinne des Wortes ein Unikat; es gibt keine zweite in dieser Art. Auffallend ist die rote, nostalgische Gondel mit dem außergewöhnlichen Gehänge, dessen Form an eine Bogenbrücke erinnert. Es handelt sich um eine Art Pendelbahn, die per Winde gezogen wird. Sage und schreibe sechs Tragseile sind über den Fluss gespannt, wobei das Zugseil in der Mitte geführt wird.

### FACTS

**35-ATW WHIRLPOOL AERO CAR**

BAHNSYSTEM ....... Sonderform einer Pendelbahn
BAUJAHR ....... 1913–1916
STANDORT ..... Niagara Falls (Kanada)

# Bergfahrt im Cabrio

### CABRIO STANSERHORN

Die erste Seilbahn der Welt mit offenem Oberdeck bietet ein richtig luftiges Erlebnis: Die Mutigen steigen auf die obere Aussichtsplattform und genießen die Bergfahrt im Cabrio. Im Unterschied zur klassischen Pendelbahn sind die Seile seitlich geführt. Die Kabine besitzt einen automatischen Niveauausgleich: Über Hydraulikzylinder wird das Fahrzeug immer in der Waagrechten gehalten.

### GRANDE MOTTE TIGNES

In Tignes wird bereits die Bahnfahrt zum Gletscher auf 3.000 m, wo man auch im Sommer Ski fahren kann, zum besonderen Erlebnis. Auf dem offenen Deck können Ausflügler und Skifahrer den Blick auf die Mont-Blanc-Gruppe genießen.

### ROYAL RIDE WENGEN

Majestätisch dürfen sich auch die Fahrgäste beim Royal Ride fühlen, wenn sie auf dem Dach der Kabine auf den Schweizer Berg Männlichen (2.342 m) cruisen. Eine Wendeltreppe führt zur „Loge“ auf der Gondel – königliche Aussicht garantiert.

## FACTS

**60-ATW STANSERHORN-BAHN**

| | |
|---|---|
| BAHNSYSTEM | Pendelbahn/Funifor |
| BAUJAHR | 2012 |
| STANDORT | Stans (Schweiz) |

**99-ATW GRANDE MOTTE**

| | |
|---|---|
| BAHNSYSTEM | Pendelbahn |
| BAUJAHR OFFENES DECK | 2018 |
| STANDORT | Tignes (Frankreich) |

**75-ATW ROYAL RIDE**

| | |
|---|---|
| BAHNSYSTEM | Pendelbahn |
| BAUJAHR OFFENES DECK | 2018 |
| STANDORT | Wengen (Schweiz) |

Tignes (Frankreich)

Stans (Schweiz)

Sölden (Österreich)

# Auf Eis gelegt

### PARDATSCHGRAT

Die Bergstation der Pardatschgratbahn liegt auf 2.600 m Meereshöhe und ist auf Permafrostboden gebaut. Für langfristige Veränderungen beim Klima ist man gerüstet: Wenn sich der Boden aufgrund der Temperaturschwankungen absenkt, kann die gesamte Station angehoben werden. Dazu werden hydraulische Pressen in den Einzelfundamenten eingesetzt, die den Stahlbetonrahmen des Gebäudes hochhieven.

### GAISLACHKOGL

Bei der Gaislachkoglbahn in Sölden im Tiroler Ötztal verhält es sich genauso: Die Bergstation (3.050 m) steht auf Dauerfrostboden. Weil das Gestein auftauen und der Untergrund sich bewegen könnte, ist die Station beweglich gelagert.

Das Fundament lässt sich über computergesteuerte, hydraulische Pressen in alle Richtungen verschieben, um Setzungen und Verschiebungen des Bodens auszugleichen. Auch die letzte Stütze vor der Bergstation ist hydraulisch nachjustierbar. 200 t wiegt der Stahl, der bewegt werden muss – eine Herkulesaufgabe.

### RIEDERALP

Wenn sich der Gletscher zurückzieht, wandert die Seilbahn einfach mit: Laut einer Prognose wird sich in den nächsten 25 Jahren der Aletschgletscher im Schweizer Wallis um mehrere Meter bewegen – und mit ihm die neue Kombibahn Riederalp–Blausee–Moosfluh. Deshalb sind Bergstation und Stützen auf massiven Betonwannen errichtet, die sich hydraulisch verschieben lassen. Per Knopfdruck kann das Gebäude bis zu 11 m waagrecht und 7 m senkrecht verstellt werden. Die Stützen lassen sich um 6,5 m bewegen. Und auch die Mittelstation ist so konstruiert, dass sich das Bauwerk schwenken lässt.

**FACTS**

**28-TGD PARDATSCHGRAT**
BAHNSYSTEM ...... Dreiseilumlaufbahn
BAUJAHR ...... 2014
STANDORT ...... Ischgl (Österreich)

**FACTS**

**30-TGD GAISLACHKOGL**
BAHNSYSTEM ...... Dreiseilumlaufbahn
BAUJAHR ...... 2010
STANDORT ...... Sölden (Österreich)

**FACTS**

**6/8-CGD RIEDERALP–BLAUSEE–MOOSFLUH**
BAHNSYSTEM ...... Kombibahn
BAUJAHR ...... 2015
STANDORT ...... Riederalp (Schweiz)

# Einzigartige Luftakrobatik

**KLEINKABINENBAHN VALLÉE BLANCHE**

An der Grenze zwischen Italien und Frankreich gelegen, verbindet die Gruppenbahn „Vallée Blanche" die Helbronner Spitze mit dem Aiguille du Midi (3.842 m).

Äußerst spektakulär verläuft der 5 km lange und 25 Minuten dauernde Überflug über das „weiße Tal". Der 360-Grad-Rundum-Blick auf das „Mer de Glace", den Mont Blanc und unzählige Viertausender ist eine Wucht.

Der ganz besondere Clou an der legendären Seilbahn: die „fliegende Stütze". Drei Stahlseile mit einer Länge von 300 m sind quer über den Gletscher gespannt und übernehmen die Aufgabe einer Seilbahnstütze. An zwei Felsen verankert, halten sie die insgesamt vier Tragseile nach oben. Diese Hängestütze ist weltweit einzigartig bei einer Personenseilbahn.

**FACTS**

**KLEINKABINENBAHN VALLÉE BLANCHE**

BAHNSYSTEM ........ Zweiseilgruppenumlaufbahn
BAUJAHR ........ 1957
STANDORT ..... Chamonix (Frankreich)

**HUCKEPACKVERKEHR: OBERWEISSBACH**

Ein wahres Kleinod ist die breitspurige Standseilbahn in Oberweißbach im Thüringer Schiefergebirge, die vor rund 100 Jahren erbaut wurde. Sie verbindet zwei Eisenbahnstrecken und überwindet dabei 300 Höhenmeter.

Auf der Strecke pendeln abwechselnd ein Personenwagen und eine sogenannte Güterbühne zum Transport normalspuriger Eisenbahnwaggons bis 27 t Gesamtmasse. Anstelle von Güterwagen fährt häufig auch das „Cabrio", ein Personenwaggon mit offenem Deck Huckepack mit. Über Drehscheiben in beiden Stationen haben die Waggons Anschluss an das normalspurige Eisenbahnnetz.

**FACTS**

**150-FUL OBERWEISSBACH**

BAHNSYSTEM .......... Standseilbahn
BAUJAHR .......... 1920–1923
NUTZLAST GÜTERBÜHNE .......... 27 t
STANDORT Oberweißbach (Deutschland)

## Nichts für schwache Nerven

**GLASBODEN**
Abgründe tun sich unter den Füßen auf; das Herz pumpt unentwegt Adrenalin in die Adern: Die Fahrt in diesen Gondeln ist reiner Nervenkitzel, denn der Boden besteht aus Glas. Im „Safari Express“ in Kitzbühel (Österreich) und in der „Peak 2 Peak“-Bahn in Whistler (Kanada) blickt man schier endlos in die Tiefe – unglaubliche 400 bzw. 436 m hängen die Kabinen an der höchsten Stelle über dem Boden!

Einen wunderbaren Tiefblick bieten auch einige Kabinen der „Busan Air Cruise“ in Südkorea. Die Seilbahn führt vom beliebten Songdo-Strand in der Stadt Busan über die Meeresbucht zu einem Freizeitpark. Unter den Füßen wimmelt es von Schiffen. Einfach traumhaft, so über das Wasser zu schweben!

### FACTS

**30-TGD SAFARI EXPRESS**
BAHNSYSTEM ...... Dreiseilumlaufbahn
BAUJAHR ...................... 2004
STANDORT ..... Kitzbühel (Österreich)

**28-TGD PEAK 2 PEAK**
BAHNSYSTEM ...... Dreiseilumlaufbahn
BAUJAHR ...................... 2008
STANDORT ......... Whistler (Kanada)

**10-MGD BUSAN AIR CRUISE**
BAHNSYSTEM ........... Kabinenbahn
BAUJAHR ...................... 2017
STANDORT ... Songdo, Busan (Südkorea)

## Außen Eis, innen heiß

**SAUNA-GONDEL**

Finnland und Sauna – diese zwei Dinge gehören eindeutig zusammen, denn für ihre Saunaleidenschaft sind die Finnen weltbekannt. Wer einmal einen Saunagang der anderen Art erleben möchte, kann in diese Gondel in Lappland steigen. Sie bietet Platz für vier Personen und wird in der Station elektrisch aufgeheizt. Rund eine Viertelstunde dauert die Fahrt auf den Gipfel Ylläs, bei der man ganz sicher ins Schwitzen kommt.

**FACTS**

**8-MGD YLLÄS**

BAHNSYSTEM ........... Kabinenbahn
BAUJAHR ........................ 2007
STANDORT ............ Ylläs (Finnland)

## Im siebten Himmel

**KUTSCHENGONDEL AM ARBER**

Mit einer Hochzeitskutsche durch die Lüfte schweben? Das geht – genauer gesagt: Das fliegt! Per Hochzeitsgondel können Verlobte am Großen Arber in Bayern vor den Traualtar schweben und sich auf einer Berghütte das Jawort geben. Roter Teppich und gekühlter Sekt sind natürlich inklusive beim superromantischen „Ritt" in den siebten Himmel.

**FACTS**

**6-MGD ARBER**

BAHNSYSTEM ........... Kabinenbahn
BAUJAHR ........................ 1999
STANDORT ....... Arber (Deutschland)

## Harry-Potter-Fans verzaubern

**HOGWARTS-EXPRESS**

Der Hogwarts-Express im Vergnügungspark „Universal Orlando Resort" in Orlando (Florida) bietet Harry-Potter-Fans ein besonderes Erlebnis – ganz so wie Harry und seinen Freunden auf ihrem Weg von der Londoner King's Cross Station nach Hogsmeade. Hinter der originalgetreuen Nachbildung des berühmten Dampfzugs versteckt sich eine vollautomatische Standseilbahn, bestehend aus Dampflokomotive, Kohlewagen und drei Waggons.

**FACTS**

**168-FUL HOGWARTS EXPRESS**

BAHNSYSTEM ........... Standseilbahn
BAUJAHR ........................ 2014
STANDORT ............. Orlando (USA)

# Betreten verboten!

Nicht alle Seilbahnanlagen sind für die Öffentlichkeit bestimmt: Bei einigen Werksbahnen dürfen nur Mitarbeiter zusteigen, die auf diesem Wege ihren Arbeitsplatz erreichen. Es sind ganz besondere Orte, zu denen diese Seilbahnen führen: Wasserkraftwerke, Bergwerke oder Forschungseinrichtungen. Einige sind geheim, weil sie sich auf militärischem Sperrgebiet befinden. Die Seilbahnhersteller sind in diesen Fällen zu Geheimhaltung verpflichtet.

## DAS SONNBLICK-OBSERVATORIUM

Die neue, kürzlich fertiggestellte Sonnblick-Seilbahn bringt Wissenschaftler und Forschungsmaterial zum Sonnblick-Observatorium, Österreichs höchstgelegener Wetterstation auf 3.106 m. Hier werden meteorologische Daten aufgezeichnet und luftchemische Messungen durchgeführt.

Das Doppel-Tragseil mit der ungewöhnlich großen Spurbreite von 1,2 m erlaubt den Betrieb auch bei hohen Windgeschwindigkeiten. Mit der alten Seilbahn war die Forschungsstation bei widrigen Wetterbedingungen früher oft tagelang nicht erreichbar. Die für sechs Personen zugelassene Seilbahn dient ausschließlich dem Werksverkehr und ist daher nicht öffentlich zugänglich. Sie überwindet in 10 min einen Höhenunterschied von fast 1.500 m. Die maximale Streckenneigung beträgt sagenhafte 104 %!

## UNTERIRDISCH ZUM KRAFTWERK

In der Alpenregion finden sich einige Dutzend nicht öffentliche Seilbahnen, die als Zubringer für hoch gelegene Wasserkraftwerke fungieren.

Dabei kommen auch unterirdische Standseilbahnen zum Einsatz. Eindrucksvolles Beispiel ist die tief in den Fels gehauene Materialbahn „Tierfehd–Limmernsee" (Schweiz), die seit 2013 in Betrieb ist. Ursprünglich wurde sie für den Transport der vier Turbinen gebaut. Da diese nicht zerlegbar sind, mussten sie in einem Stück durch einen 4 km langen Stollen zum Pumpspeicherkraftwerk gebracht werden. Jede einzelne Turbine wiegt 215 t! Mit diesem Fördervolumen ist diese Materialbahn die stärkste Standseilbahn der Welt. Das Zugseil hat einen rekordverdächtigen Durchmesser von 58 mm. Mittlerweile können auch Besucher die imposante Werksbahn im Rahmen von öffentlichen Führungen bestaunen.

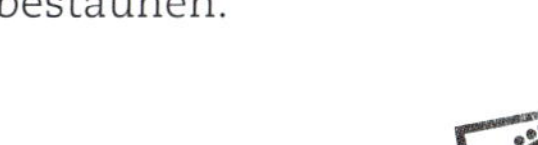

## FACTS

**6-ATW SONNBLICK**

- BAHNSYSTEM ............ Pendelbahn
- BAUJAHR ............ 2018
- STANDORT ............ Rauris (Österreich)

**FUL-PM TIERFEHD–MASCHINEN-KAVERNE PSW LIMMERN**

- BAHNSYSTEM ............ Standseilbahn
- NUTZLAST ............ 215 t
- BAUJAHR ............ 2013
- STANDORT ............ Linthal (Schweiz)

SEILBAHNEN DER SUPERLATIVE

# REKORDE, REKORDE

Größer, höher, weiter, steiler. Diese Seilbahnen beeindrucken auf ganzer Linie – denn hier purzeln die Rekorde.

Zugspitze
Zugspitze

# Die größte Kabine und die höchste Stütze

Bei der **Ha Long Queen Cable Car** ist einfach alles im XXL-Format. In der **Halong-Bucht**, der „Bucht des untertauchenden Drachens“, im **Norden Vietnams** können Besucher den beliebten Ausflugsort bequem mit einer Pendelbahn überqueren – und zwar mit der größten der Welt.

In den beiden zweistöckigen Kabinen haben je 230 Personen Platz. Und nicht nur das: Hier steht auch die weltweit höchste Seilbahnstütze – mit sagenhaften 188,88 m. Sie ist aus Stahlbeton errichtet. Die Zahl kommt nicht von ungefähr: Die 8 gilt in Vietnam als Glückszahl.

Die zweite Stütze ist 123,45 m hoch – auch diese Höhe ist kein Zufall. Die Seilbahn führt auf den Gipfel des Ba Deo Hill, dort erwartet ein Vergnügungspark die Gäste. Hauptattraktion ist das Riesenrad, von dem man einen traumhaften Blick auf die Halong-Bucht genießt.

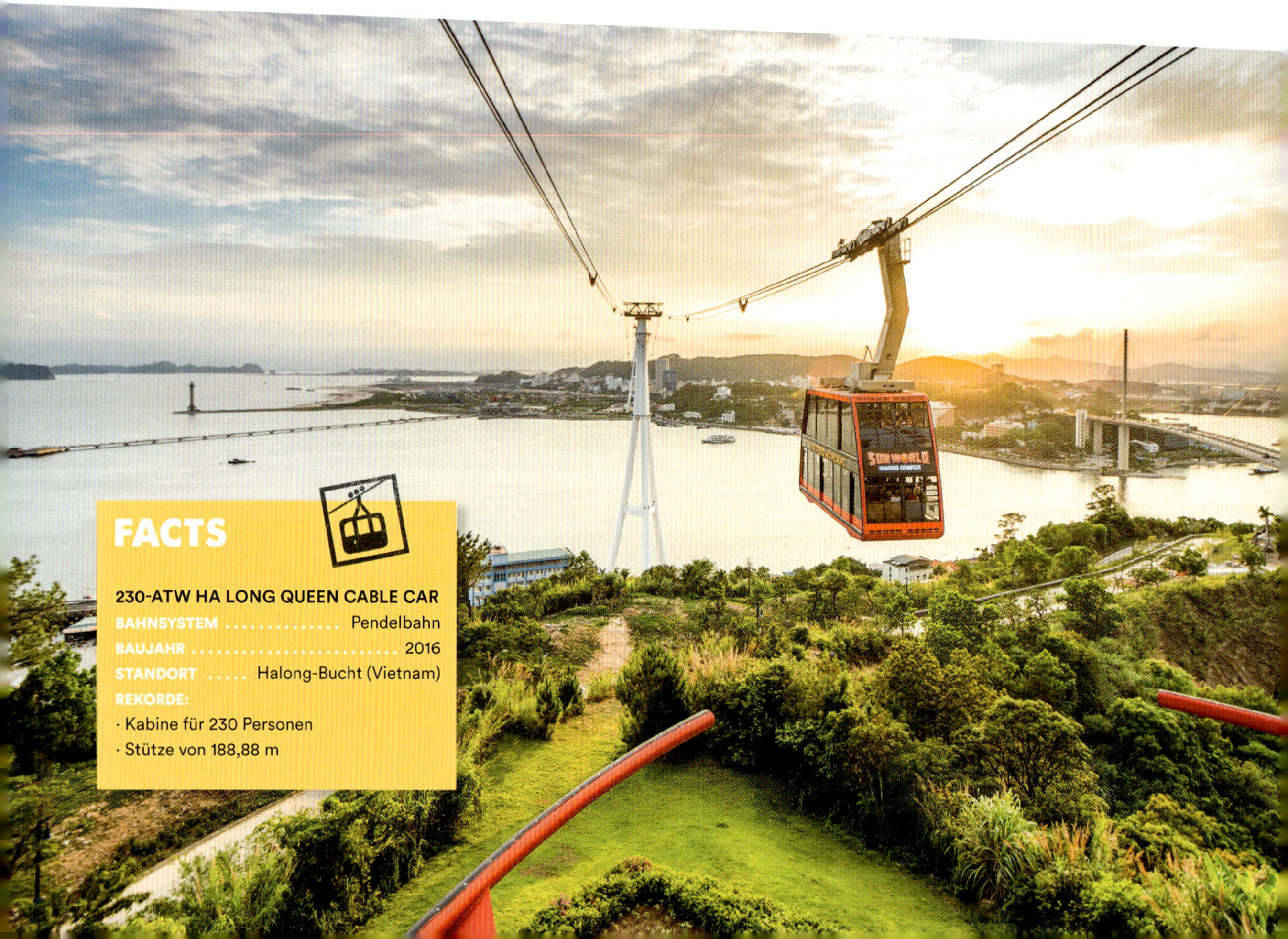

**FACTS**

**230-ATW HA LONG QUEEN CABLE CAR**

BAHNSYSTEM ............. Pendelbahn
BAUJAHR ........................ 2016
STANDORT ..... Halong-Bucht (Vietnam)
REKORDE:
- Kabine für 230 Personen
- Stütze von 188,88 m

# Bahn der Superlative

Die **Zugspitze** ist der höchste Berg Deutschlands und übt eine enorme Anziehungskraft auf Alpinisten, Wintersportler und Touristen aus aller Welt aus. Jährlich besuchen rund eine halbe Million Menschen die Zugspitze. Tendenz: stark steigend. Denn die neue Seilbahn der Superlative begeistert in jeder Hinsicht – allein schon wegen der spektakulären Architektur und des atemberaubenden Panoramablicks. So ganz nebenbei hält die **Zugspitzbahn** drei Weltrekorde:

Sie überwindet den größten Höhenunterschied, nämlich 1.945 m, in einem Stück, hat mit 127 m die weltweit höchste Fachwerkstütze aus Metall und das längste freie Spannfeld mit 3.213 m. Jedes der vier Tragseile hat einen Durchmesser von 72 mm, ist 4.900 m lang und wiegt 153 t.

Die Seilbahn ist ganzjährig in Betrieb. Die Scheiben der Kabinen sind beheizt und beschlagen auch bei Kälte nicht. Von der Terrasse der Bergstation eröffnet sich ein grandioser Blick zum Gipfel und auf den Eibsee.

Die alte Eibsee-Seilbahn ging übrigens nach 54 Dienstjahren in Rente. Umgerechnet sind die beiden Gondeln während der gesamten Betriebszeit rund 76 Mal um die Erde gefahren. In Höhenmetern ausgedrückt hätten sie es sogar mehr als drei Mal bis auf den Mond geschafft.

## FACTS

**120-ATW ZUGSPITZBAHN**

BAHNSYSTEM ............. Pendelbahn
BAUJAHR .................. 2015–2017
STANDORT ...... Grainau (Deutschland)
REKORDE:

- Pendelbahn mit 1.945 m Höhenunterschied
- Fachwerkstütze von 127 m Höhe
- Seilspannfeld von 3.213 m Länge

# Längste Pendelbahn in mehreren Teilstrecken

Der **Teleférico de Mérida** führt von der gleichnamigen Stadt in **Venezuela** (vollständiger Name: Santiago de los Caballeros de Mérida) hinauf in die Gletscherregion der Anden – auf den 4.765 m hohen Pico Espejo. Dabei überwindet er in vier Teilstrecken eine Gesamtlänge von 12,5 km und einen Höhenunterschied von knapp 3.200 m. Die verschiedenen Stationen locken mit Shops, Restaurants, Konzertsaal und Museum.

Die alte Anlage aus den 1950er Jahren wurde 2008 wegen gravierender Baumängel stillgelegt. Die neue Seilbahn nahm 2016 nach mehrjähriger Bauzeit ihren Betrieb auf. Sie ist die längste zusammenhängende Pendelbahn der Welt, wobei man in jeder Station umsteigen muss. Der Bau des „Teleférico de Mérida" war ein Riesenkraftakt: 34.000 t Material mussten auf den Berg befördert werden – neun Stützen, 210 km Tragseile und 110 km Zugseile.

Nicht alle sind solche Höhen gewohnt: Die Seilbahnfahrt startet an der Plaza las Heroinas in Mérida auf einer Höhe von 1.570 m und endet unterhalb des Gipfels des Pico Espejo auf fast 5.000 m. Schon an der dritten Station La Augada auf knapp 3.500 m spürt man, wie die Luft dünn wird. Hilfe steht bereit: In den Stationen und Kabinen bekommen Reisende bei Bedarf Sauerstoff.

Außerdem sind in den Gondeln Sitzplätze vorhanden, sollte man die anstrengende Bergfahrt nicht im Stehen verkraften. Die Gipfelstation am Pico Espejo entlohnt für die Strapazen: mit dem fantastischen Ausblick auf die monumentalen Berge der Anden und den knapp 5.000 m hohen Pico Bolívar, den höchsten Berg Venezuelas.

## FACTS

**60-ATW MÉRIDA–PICO ESPEJO**

**BAHNSYSTEM** ............ Pendelbahn
**BAUJAHR** ........................ 2016
**STANDORT** ......... Mérida (Venezuela)
**REKORD:**
Pendelbahn von 12,5 km in vier Teilabschnitten

FACTS

**MATERIALSEILBAHN KRISTINEBERG–BOLIDEN**

BAHNSYSTEM ..... Zweiseilumlaufbahn
BAUJAHR .................. 1943/1988
STANDORT ........ Norsjö (Schweden)
EHEMALIGER REKORD:
Materialseilbahn von 96 km Länge (13,2 km für Personenverkehr)

# Es war einmal ... die längste Seilbahn

**Lappland** aus der Luft entdecken – das war möglich, wenn man nur genug Zeit hatte: Zwei Stunden dauerte die Fahrt auf einer Rekordlänge von 13,2 km. Gemächlich und lautlos schwebte man in einer Vierer-Gondel über Bäche, Moore, Seen und Wälder und genoss die Stille der nordischen Natur.

Das war einmal – seit 2018 fährt die längste Seilbahn der Welt nicht mehr und steht zum Verkauf.

Die Seilbahn im **Norden Schwedens** hat eine bewegte Geschichte hinter sich: Weil während des Zweiten Weltkriegs Treibstoff Mangelware war, konnte wertvolles Golderz nicht wie gewohnt per Lkw transportiert werden. So begann man 1942 mit dem Bau der Materialtransportbahn; 1.500 Arbeiter stellten sie in nur einem Jahr fertig. Sie verkehrte zwischen Kristineberg und Boliden und war unglaubliche 96 km lang. Bis 1987 wurde mit Förderkörben Kupfer, Blei, Zink, Schwefel, Silber und sogar Gold transportiert – insgesamt 12 Mio. t. Von 1988 bis 2018 wurde eine Teilstrecke für den Personenverkehr genutzt.

# Längste Pendelbahn

Die Seilbahn in **Tatev (Armenien)** verbindet das kleine Dorf Halidzor über eine rund 400 m tiefe Schlucht mit der Klosteranlage Tatev aus dem 9. Jahrhundert. Das Kloster ist eines der wichtigsten Heiligtümer Armeniens, viele Armenier pilgern dorthin. Die Fahrt mit der 5,7 km langen Pendelbahn erleichtert den Zugang zum Kloster, das bisher nur über eine kurvenreiche, enge und abenteuerliche Straße durch die Schlucht erreichbar war. Die Welt rund um das Architekturdenkmal Tatev scheint wie aus der Zeit gefallen: Pferde, Esel, Ziegen und Schafe weiden auf den Wiesen; Bauern bestellen mit alten Geräten ihr Land. Die neue Seilbahn ist Teil einer Initiative, die Tourismusindustrie anzukurbeln. Ein wohlhabender Exilarmenier hat das Projekt finanziert und es dem Staat geschenkt.

**FACTS**

**25-ATW TATEV–HALIZDOR**

BAHNSYSTEM ............. Pendelbahn
BAUJAHR ........................ 2010
STANDORT .......... Tatev (Armenien)
REKORD:
Pendelbahn mit 5,7 km Länge

# Längste Dreiseilbahn

Vietnam investiert zurzeit stark in touristische Infrastrukturen, durchaus vergleichbar mit der Aufbruchsstimmung in den 1950er Jahren im Alpenraum. Nicht von ungefähr befindet sich eine weitere Rekordbahn in dem asiatischen Land: **Hòn Thom**, die längste Dreiseilbahn der Welt.

Fast 8 km – um genau zu sein: 7.900 m – ist sie lang, und sie verbindet die beiden beliebten **Ferieninseln Phú Quôc** und **Hòn Thom** im **Süden Vietnams**. Die Strecke verläuft über das Meer, die Stützen – die höchste ist 164 m hoch – sind auf zwei vorgelagerten, kleineren Inseln errichtet. Den Fahrgästen bietet sich ein atemberaubender Blick auf die vielen Boote.

Highlight ist die vollklimatisierte VIP-Kabine mit luxuriöser Sonderausstattung: Echtledersessel, Inneneinrichtung aus Echtholz mit Blattgoldverzierung, exklusives Entertainment-System, Kühlschrank, dimmbare LED-Innenbeleuchtung und Glasboden mit freier Sicht auf das Wasser.

**FACTS**

**30-TGD HÒN THOM**

BAHNSYSTEM ...... Dreiseilumlaufbahn
UMBAU ........................ 2017
STANDORT ........ Phù Quôc (Vietnam)
REKORD:
3-S-Bahn mit 7.900 m Länge

# Längste Kabinenbahn

Das **Bà Nà Hills Mountain Resort** in **Vietnam** ist ein Besuchermagnet für Einheimische und Touristen. Einst war es ein Luxus-Ferienort der französischen Kolonialarmee, bevor es verfiel. Heute strömen Tausende von Gästen auf den Berg nahe der Stadt Da Nang. Allein die Seilbahnfahrt dorthin ist ein Ereignis: Das Schweben über den Dschungel und über Wasserfälle ist grandios. Und man sitzt dabei in der längsten Kabinenbahn der Welt: 5.772 m ist sie lang und überwindet zudem einen Rekord-Höhenunterschied von 1.369 m. Oben angekommen, genießt man den herrlichen Panoramablick auf die umliegenden Hügel und die Stadt Da Nang.

Weitere Attraktionen laden zum Verweilen ein: ein Freizeitpark, botanische Gärten, eine 27 m hohe Buddha-Statue und die spektakuläre „Goldene Brücke“, die scheinbar von zwei gigantischen Steinhänden getragen wird.

## FACTS

**10-MGD BA NA BIG ROPEWAY**

BAHNSYSTEM ........... Kabinenbahn
BAUJAHR ........................ 2013
STANDORT ......... Da Nang (Vietnam)

REKORDE:

- Kabinenbahn mit 5.772 m Länge
- Einseilumlaufbahn mit Höhenunterschied von 1.369 m

# Die steilsten Standseilbahnen

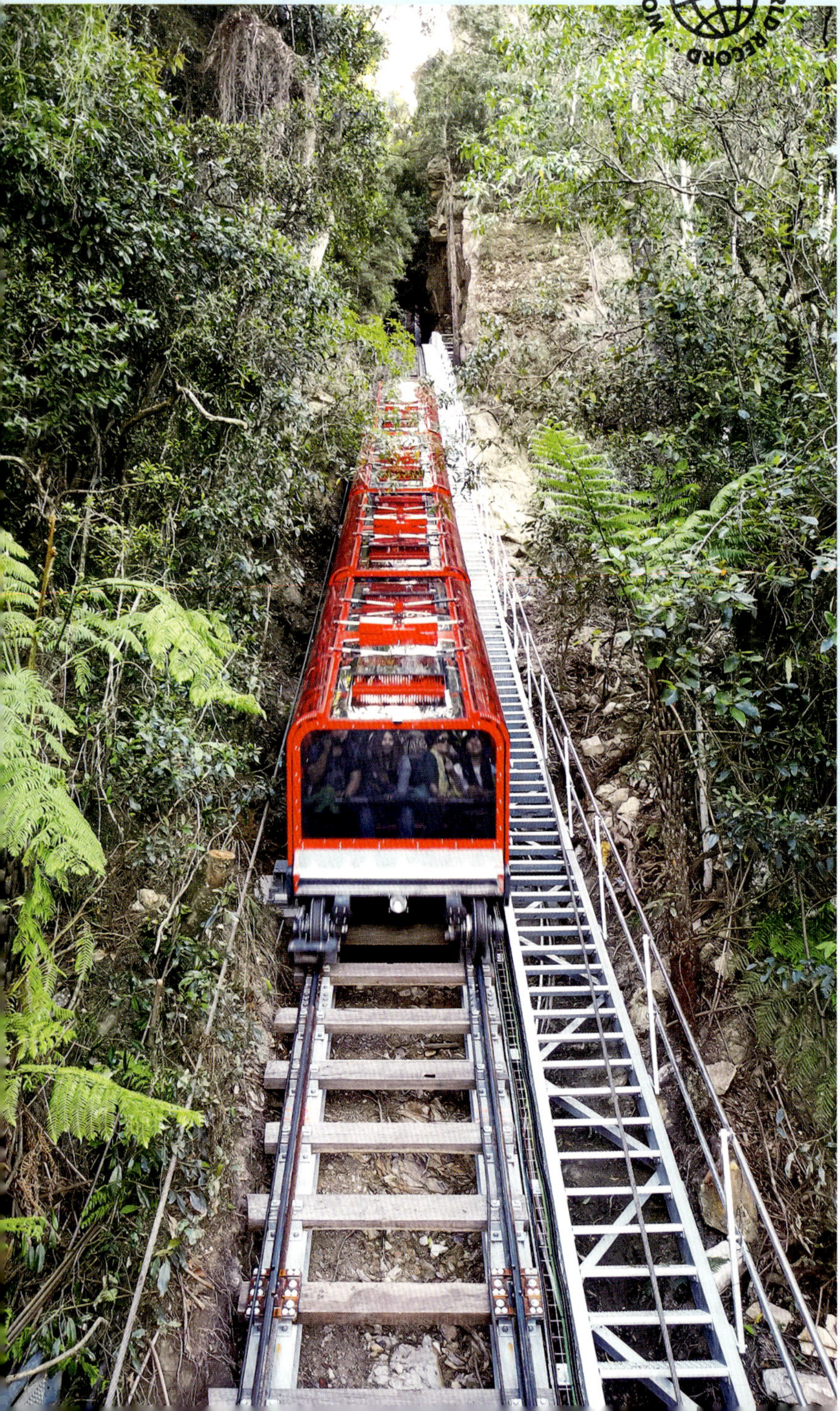

Die **Scenic-Railway-Standseilbahn** in **Katoomba (Australien)** fährt mit einer Steigung von sagenhaften 128 % (52 Grad) den Berg hinauf. In den Panoramawagen mit Glasdach hat man eine atemberaubende Sicht auf Urwälder und tiefe Schluchten. Die Sitzbänke sind für die Wagemutigen zusätzlich neigbar, sodass man das Gefühl hat, gleich aus den Sitzen nach vorne zu fallen. Ursprünglich wurde die Bahn im Jahre 1885 für den Kohletransport errichtet. Seit dem Ende des Bergbaus 1930 wird die Scenic Railway, die früher auch „Mountain Devil" genannt wurde, nur noch für touristische Zwecke genutzt.

## FACTS

**84-FUL SCENIC RAILWAY**

**BAHNSYSTEM** ........... Standseilbahn
**UMBAU** ........................ 2017
**STANDORT** ...... Katoomba (Australien)
**REKORD:**
Steigung von 128 %, 1 Fahrzeug

# FACTS

**136-FUL STOOSBAHN**
BAHNSYSTEM ........... Standseilbahn
BAUJAHR ......................... 2017
STANDORT ........... Schwyz (Schweiz)
REKORD:
Steigung von 110 %, 2 Fahrzeuge

## SPECIAL

Die Steigung einer Seilbahnstrecke kann man in Prozent (%) oder mit dem Steigungswinkel ($\alpha$) angeben Die Steigung in Prozent bezeichnet das Verhältnis von Höhenunterschied und horizontaler Entfernung. 10 % Steigung bedeutet zum Beispiel, dass pro 100 m in waagerechter Richtung die Höhe um 10 m zunimmt. 100 % Steigung bedeutet: eine Zunahme der Höhe um 100 m auf einer Strecke von 100 m. Das ergibt einen Steigungswinkel von $\alpha$ = 45°. Die Standseilbahn mit 110 % ist also richtig steil! Zum Vergleich: Die steilste Straße der Welt hat „nur" 35 %.

Mit der **Stoosbahn** im **Kanton Schwyz** passieren die Fahrgäste zwei Brücken, durchfahren drei Tunnel und überwinden an der steilsten Stelle eine Steigung von 110 %. Das entspricht einem Winkel von fast 48 Grad.

In jeden der vier Einzelwagen passen 34 Personen, das ganze Fahrzeug fasst 136 Fahrgäste. Die zylinderförmigen Kabinen passen sich automatisch dem Neigungswinkel der Trasse an: Durch eine hydraulische Steuerung bleibt der Fahrgastbereich immer waagrecht. Güter können separat über eine vorgesetzte Güterplattform transportiert werden.

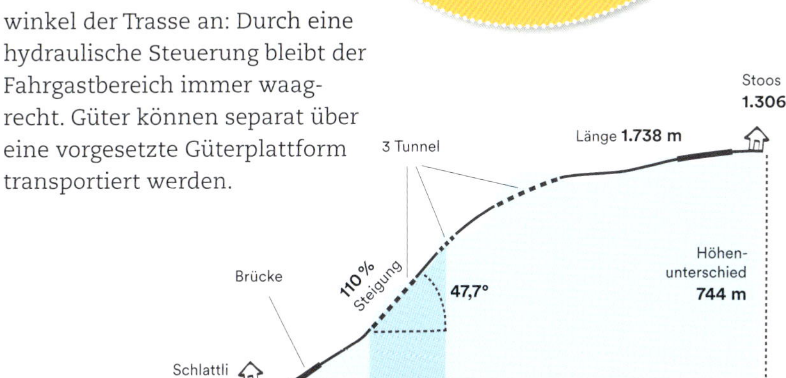

# Größter Bodenabstand einer Dreiseilbahn

Die **Peak-2-Peak-Seilbahn** steht in **Whistler Blackcomb (Kanada)**, dem größten Skigebiet Nordamerikas. Sie verbindet zwei Berggipfel miteinander. Und jetzt festhalten: Dazwischen geht es 436 m tief hinab. Da sieht man besser nicht nach unten. Oder man gibt sich den Kick und wählt die Kabine mit Glasboden.

Die Dreiseilbahn hat ein Seilspannfeld von mehr als 3 km und ist Spitzenreiterin bei Umlaufbahnen. Eröffnet wurde sie anlässlich der Olympischen Winterspiele 2010 in Vancouver.

## FACTS

**28-TGD PEAK 2 PEAK**

BAHNSYSTEM ...... Dreiseilumlaufbahn
BAUJAHR ........................ 2009
STANDORT . Whistler Mountain (Kanada)
REKORDE:
- Bodenabstand von 436 m
- Umlaufbahn mit Seilspannfeld von mehr als 3 km

# Größter Höhenunterschied

Der **Fansipan** ist mit 3.143 m der **höchste Berg Vietnams** und beliebtes Ausflugsziel; der Aufstieg war bisher jedoch alles andere als ein Spaziergang. Wesentlich bequemer schafft man es mit der neuen 3-S-Bahn, die in 15 min 1.410 m an Höhe überwindet. So gelangen nun auch ungeübte Wanderer ganzjährig auf das Dach Indochinas. Abenteuerlich waren die Bauarbeiten der Seilbahn: Die Lkws konnten nur die Talstation anfahren. Das Werkzeug musste per mehrtägigem Fußmarsch zur Bergstation gebracht werden. Der Aushub für die Stützen und das Gebäude erfolgte mit Muskelkraft – per Schaufel und Pickel. Eine gewaltige Anforderung wird an die Bremsen der Seilbahn gestellt: Bei Volllast müssen 500 t zum Stillstand gebracht werden – so viel wiegen etwa 350 Mittelklassewagen.

**FACTS**

**30-TGD FANSIPAN LEGEND**

BAHNSYSTEM ...... Dreiseilumlaufbahn
BAUJAHR ...... 2016
STANDORT ...... Fansipan Mountain, Sa Pa (Vietnam)
REKORD:
Dreiseilumlaufbahn mit 1.410 m Höhenunterschied

# Höchstgelegene Seilbahn

Die Kabinenbahn führt in den **Dagu-Gletscher-Nationalpark (China)** – in eine Höhe, die den Menschen viel abverlangt und nicht für jeden geeignet ist. In 5.000 m Höhe wird die Luft dünn; die meisten Bergsteiger spüren bereits Symptome der Höhenkrankheit. Sowohl in den Gondeln als auch in den Stationen stehen deshalb Sauerstoffflaschen mit Atemmasken bereit. Startpunkt ist auf 3.617 m, der Ausstieg erfolgt auf 4.843 m Meereshöhe. So hoch kommt man mit keiner anderen Seilbahn!

Der Ausblick auf die atemberaubend schöne Hochgebirgslandschaft mit zahlreichen Sieben- und Achttausendern sowie einem wundervollen Hochgebirgssee entschädigt dafür voll und ganz. Kleinere Spaziergänge sind auf dem flachen Teil des Dagu-Gletschers gefahrlos möglich. Die Kabinenbahn ist 300 Tage im Jahr in Betrieb – auch während der Wintermonate.

**8-MGD DAGU GLACIER**

BAHNSYSTEM ........... Kabinenbahn
BAUJAHR ........................ 2008
STANDORT ..... Dagu-Gletscher (China)
REKORD:
Bergstation: 4.843 m über dem Meeresspiegel

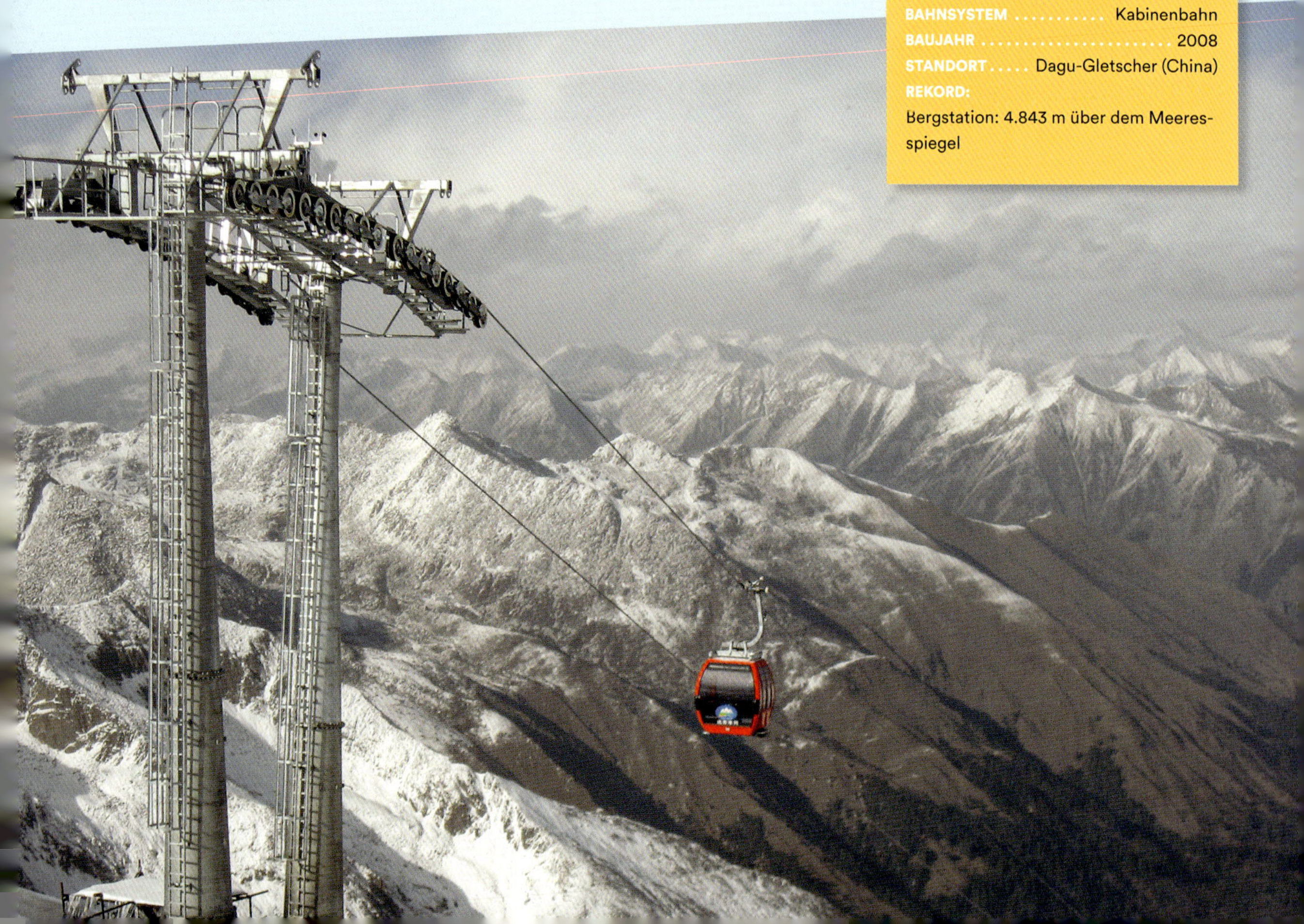

WORLD RECORD … WORLD RECORD …

# Die am tiefsten gelegene Seilbahn

Dem Erdinneren kommt man mit einer Seilbahn in **Israel** am nächsten. **Masada** liegt am Rande des Toten Meeres. Die Bergstation liegt 33 m über, die Talstation 257 m unter dem Meeresspiegel. Keine andere Seilbahn findet man so weit unten. Herodes der Große hatte um 30 v. Chr. die kühne Felsenfestung als Zufluchtsort vor seinen Feinden errichten lassen. Er selbst war übrigens nur ein einziges Mal dort.

**FACTS**

**80-ATW MASADA**

**BAHNSYSTEM** ............. Pendelbahn

**BAUJAHR** ....................... 1998

**STANDORT** ............. Masada (Israel)

**REKORD:**

Talstation: 275 m unter dem Meeresspiegel

## DREHORT SEILBAHN

# FILMREIFER AUFTRITT

Und ... Action! Seilbahnen haben schon mehrfach als spektakuläre Kulisse für actionreiche Filme gedient. In manchen Streifen stehen sie im Mittelpunkt, in anderen sind sie nur in einer kleinen Nebenrolle zu sehen. Agenten nützen sie auf der Schurkenjagd in geheimer Mission; Touristen werden vergessen und müssen die Nacht in luftiger Höhe verbringen ... Im Film ist eben alles möglich.

Rio de Janeiro (Brasilien)

### AGENTEN STERBEN EINSAM (1968)

Während des Zweiten Weltkriegs wird ein amerikanischer General in seinem Flugzeug von der Wehrmacht abgeschossen und gerät in Kriegsgefangenschaft auf der schwer befestigten Burganlage „Schloss Adler". Eine britische Spezialeinheit erhält den Auftrag, den General Carnaby zu befreien. Das Schloss ist nur über eine Seilbahn erreichbar. Um unentdeckt dorthin zu gelangen, springen Agenten aus der Gondel in den Bach. Drehort war die **Feuerkogelseilbahn** in **Ebensee (Österreich)**. Die Hauptrollen im Film (Originaltitel: „Where Eagles Dare") spielten Richard Burton und Clint Eastwood.

### IM GEHEIMDIENST IHRER MAJESTÄT (1969)

James Bond jagt den Schurken Blofeld, der einen gefährlichen Virus entwickelt, um die Weltherrschaft an sich zu reißen. Ein Teil dieses Films spielt auf dem **Schilthorn (Schweiz)**: Bond kämpft gegen seine Widersacher – in der Seilbahn und im futuristischen Drehrestaurant am Piz Gloria, das durch den Streifen Weltruhm erlangte. Dort kommen die Filmfans mit der interaktiven Ausstellung „Bond World 007" voll auf ihre Kosten.

### MOONRAKER – STRENG GEHEIM (1979)

Im James-Bond-Abenteuer „Moonraker – Streng geheim" verschwindet ein Space Shuttle spurlos. Roger Moore alias James Bond begibt sich auf die Suche rund um den Globus und sogar in den Weltraum. In **Rio de Janeiro** trifft er auf den Bösewicht Beißer, der mit seinen Zähnen aus Edelstahl Metallteile durchbeißen kann. Auf der Rückfahrt vom Zuckerhut kommt es in der Seilbahn zur Prügelei. James Bond kann sich mit einer weiteren Agentin retten, indem sie an einer um das Tragseil geschlungenen Kette zu Tal rutschen. Die Kabinen der weltbekannten Seilbahn wurden 2015 durch neue ersetzt.

### CLIFFHANGER – NUR DIE STARKEN ÜBERLEBEN (1993)

Gangster kapern ein Flugzeug, das Münzen im Wert von 100 Millionen US-Dollar transportiert.

Sölden (Österreich)

Über den Rocky Mountains kommt es zum Absturz der Maschine. Silvester Stallone in der Hauptrolle macht sich als Bergretter auf den Weg, um die Überlebenden zu bergen, und gerät dabei in die Hände der Übeltäter. Der Actionfilm wurde in den Dolomiten gedreht; eine Szene in der **„Freccia"-Seilbahn** bei **Cortina D'Ampezzo (Italien)**: Mehrere hundert Meter über dem Boden gerät Stallone in Lebensgefahr …

### SPIDERMAN (2002)

In der Comicverfilmung „Spiderman" erhält Peter durch einen Spinnenbiss die Fähigkeiten einer Spinne. Er kann Wände hochklettern und verfügt über außernatürliche Kräfte. Er wird zu Spiderman und bekämpft das Verbrechen in New York. So muss er eine Seilbahn voller Kinder und seiner Verlobten an Bord vor dem Absturz bewahren. Gedreht wurde in der populären **Roosevelt Island Bahn** in **New York**.

### SPECTRE (2015)

James Bond hat die Lizenz zum … Seilbahnfahren. In „Spectre" ist der britische Agent auf der Fährte der zwielichtigen Organisation Spectre. Bond verschlägt es in eine Bergklinik; mit seinen Gegenspielern liefert er sich eine waghalsige Verfolgungsjagd mit der Seilbahn. Drehort waren die ultramoderne 3-S-Bahn und das Gipfelrestaurant am **Gaislachkogl** in **Sölden**. In der auf über 3.000 m hoch gelegenen Bergstation können sich die Besucher in der Erlebniswelt „Elements 007" auf eine Reise durch die atemberaubende James-Bond-Welt begeben.

### KINGSMAN: THE GOLDEN CIRCLE (2017)

Kingsman ist ein internationaler Elite-Geheimdienst und muss die Welt von Kriminellen befreien. Auf ihrer Mission kämpfen die Helden gegen Schurken, die eine Seilbahn samt Stütze spektakulär in die Luft jagen. Schauplatz dieses Action-Feuerwerks ist die berühmte Seilbahn **Skyway Monte Bianco** in **Courmayeur** – die bei den Dreharbeiten natürlich keinen Kratzer davongetragen hat. Visual Effects in der Postproduktion haben es möglich gemacht.

**DER SEILTÄNZER**

Mit der Gondel auf den Berg kann jeder: Der Schweizer Hochseilartist **Freddy Nock** macht es *auf* der Seilbahn – auf den Tragseilen wohlgemerkt! Ungesichert bzw. ohne Balancierstange spaziert der Schweizer in luftiger Höhe bergwärts. Schilthorn, Zugspitze, Klein-Matterhorn, Feuerkogel oder den Tianmen-Berg in China hat Nock so erklommen und nebenbei einige Weltrekorde im Hochseillauf aufgestellt.

# Fotonachweis

**Doppelmayr Seilbahnen GmbH**
(Doppelmayr/Garaventa Gruppe) Umschlag, S. 2, 6–7, 17 unten, 20–21, 23, 24, 25, 26, 27, 28, 29, 30, 31, 32, 33, 34, 35, 36, 37, 38, 39, 40, 41, 42, 43, 44–45, 46, 47, 49, 50, 51, 52, 53, 54, 55, 56, 57, 61, 62, 63, 64, 65, 66, 68–69, 70, 71, 73, 78–79, 80, 81, 82, 83, 84–85, 86, 87, 88, 89, 90, 91, 96, 97, 98, 99 unten, 100, 102, 103, 104, 105, 106, 107, 108–109, 110, 112–113, 113, 115, 116, 117, 118, 119, 120, 121, 122, 123, 126 rechts

**Amt für Seilbahnen, Bozen**
S. 8–9, 10, 14 oben, 15 Mitte, 17 Mitte

**Funivie.org (Paolo)**
S. 11 oben, 12 oben, Mitte, 13 Mitte, 14 unten, 15 oben, unten, 16, 17 oben, 18, 19 unten, 67

**Carlos Zito**
S. 11 unten (commons.wikimedia.org)

**standseilbahnen.ch**
S. 12 unten

**MrUweS (Pixabay)**
S. 13 oben

**Grindelwald Museum**
S. 14 Mitte

**Kati + Hermann,** buntumdiewelt.de
S. 19 oben, Mitte

**Teufelberger Holding AG / Walcherbild**
S. 48

**Denis Costa / Heliswiss**
S. 58–59

**Christian Betschart / Heliswiss**
S. 60

**Fatzer AG Drahtseilwerk**
S. 72

**IMMOOS GmbH**
S. 74–75

**Bergrettungsdienst Südtirol**
S. 76

**Daimler AG, PIONEERING NeXt**
S. 92

**Universal Orlando Resort** © 2014. All rights reserved. HARRY POTTER, characters, names and related indicia are trademarks of and © Warner Bros. Entertainment Inc. Harry Potter Publishing Rights © JKR.
S. 94–95, 106 klein rechts

**Roland Pircher**
S. 96

**aletscharena.ch**
S. 99 oben

**wpoeschl (Pixabay)**
S. 101

**jggrz (Pixabay)**
S. 104 oben klein

**Andreas Atadler / Arber**
S. 106 Mitte

**Bayerische Zugspitzbahn Bergbahn AG, Max Prechtel**
S. 111

**Arvid Rudling**
(creativecommons.org)
S. 114

**Márcio R. Rocha**
S. 124–125

**Pictorial Press Ltd. / Alamy Stock Photo**
S. 126 links

**ddp images/Joerg Koch**
S. 127

# Der Autor

**Elmar Dorigatti**, geboren 1971 in Südtirol, machte seine Liebe zu Bild und Text zum Beruf. Nach der Ausbildung zum Werbetexter in Hamburg arbeitet er heute als technischer Redakteur beim Seilbahnhersteller Doppelmayr und als freier Texter.